맥주탐구생활

* **일러두기**
본문 중 일부는 맥주에 흔히 쓰이는 용어와 저자의
표현에 따라 맞춤법 원칙과 다르게 표기했습니다.

맥주탐구생활

글과 그림 김호 감수 최훈진

21세기북스

CONTENTS

탐구를 시작하기에 앞서   6
"맥주, 굳이 알고 마셔야 하나요?"

PART 1. 기초 탐구

맥주   10
크래프트 맥주
맥주의 재료   11
맥주 양조 과정   20
맥주의 구분   22
BEER ESSAY 01 나만의 맥주 취향 찾기   23

PART 2. 스타일 탐구

맥주 스타일 지도   26
나라별 스타일 특징   28
스타일 탐구 준비   30

라거   32
필스너, 페일 라거, 라이트 라거, 헬/헬레스, 쾰쉬,
메르첸/옥토버페스트비어

밀맥주   42
헤페바이젠, 크리스탈바이젠, 바이젠복, 둥켈바이젠, 윗비어
BEER ESSAY 02 맥주 순수령   52
BEER ESSAY 03 어른의 바나나 우유   53

에일   54
골든/블론드 에일, 크림 에일, 영국식 페일 에일, 미국식 페일 에일, 영국식 인디아 페일 에일(IPA), 미국식 인디아 페일 에일(IPA), 세션 인디아 페일 에일(IPA), 미국식 앰버/레드 에일, 더블 인디아 페일 에일(IPA), 뉴 잉글랜드/헤이지 IPA, 브라운 에일, 스코티시/스카치 에일
BEER ESSAY 04 매일 생각나는 험상궂은 맥주   67
BEER ESSAY 05 "아기돼지 삼형제 중 누구에게 손이 가나요?"   75

벨지안 에일 — 76
세종, 벨지안 블론드 에일, 벨지안 골든 스트롱
에일, 두벨, 트리펠, 벨지안 다크 스트롱 에일
BEER ESSAY 06 "수도원에서 왜 맥주를 만들어?" — 82

다크 — 90
복, 아이스복, 둥켈, 슈바르츠비어, 포터, 드라이 스타우트, 오트밀 스타우트, 밀크/스위트 스타우트, 임페리얼 스타우트, 배럴 에이지드 스타우트
BEER ESSAY 07 나만의 응급키트, 스타우트 맥주와 초콜릿 — 101
BEER ESSAY 08 월동 맥주 — 105

사워 에일 — 106
람빅-괴즈, 람빅-크릭, 스위트/프루츠 람빅, 고제, 플랜더스 레드 에일, 사워/와일드 에일
BEER ESSAY 09 "맥주에서 신맛이 난다고?" — 111

PART 3. 심화 탐구

Column 01. 맥주 취향 찾아보기 — 118
Column 02. 맥주를 어디서 살까 — 120
Column 03. 구매하기 전 체크포인트 — 121
Column 04. 맥주를 더 맛있게 먹는 방법 — 124
Column 05. 맥주와 페어링하기 — 129

참조 — 131
색인 — 132

탐구를 시작하기에 앞서

"맥주, 굳이 알고 마셔야 하나요?"

"주종을 가리진 않습니다만…"

유독 맥주를 좋아하게 된 이유를 물어본다면 라벨 디자인 때문이라고 답하겠습니다. 와인이나 소주, 위스키는 술 자체가 가진 고유의 이미지 때문인지 비슷비슷한 라벨이 많죠. 반면 맥주는 종류도 많거니와 라벨이 천차만별이라 무척 호기심이 가더라고요. 예쁜 맥주 라벨과 맛의 상관관계를 파헤쳐 보겠다는 핑계로 마시고 또 마시다 보니, '이렇게 마시기만 하지 말고 그림으로 남겨 보자'라는 생각이 들었습니다. 그때부터 마셔 온 맥주를 하나둘 그리기 시작했고, 가짓수가 늘어나니 하드에만 모아두기 아쉬웠어요. 온라인에 그림과 맥주에 대해 짤막한 감상평만 남기기보다 쉽고 편하게 읽을 수 있도록 책으로 묶으면 좋겠다는 결론을 내렸습니다.

"모르고 마셔도 충분히 맛있는 맥주, 굳이 책까지 봐야 하나?"

이런 생각을 하는 사람이 많을 것 같습니다. 저 역시 똑같이 생각했고, 라벨만으로 맥주를 고르던 일을 반복해 왔습니다. 라벨에 신경을 쓴 맥주 회사라면 맛 역시 좋을 거라는 확신을 갖고 말이죠. 그러던 중 "안 되겠다. 맥주를 조금이라도 알고 마시자!"라고 결심하게 만든 계기가 있었습니다. 바로 미켈러의 크림 에일이라는 맥주를 만난 후부터입니다. 크림 에일을 처음 봤을 때 샛노란 라벨과 귀여운 일러스트 덕분에 학생이었던 저에게 비싼 가격의 맥주임에도 맥주병을 덥석 집어 들었습니다. 이 맥주를 보면 어떤 맛이 예상되나요? 크림 에일이라고 적힌 둥글둥글한 글씨체와 눈에 쏙 들어오는 노란 라벨, 상단의 귀여운 우유 팩을 보고 저는 자연스럽게 달콤한 유제품의 맛을 떠올렸죠. 그러나 이런 기대를 비웃기라도 하듯이, 크림 에일은 평소 마셔 왔던 페일 라거와 크게 다르지 않은 맛이었습니다. 물론 깔끔하게 잔을 비웠지만(?) 아무리 봐도 라벨과 맥주 맛의 괴리가 너무 커서 '뭔가 당했다!'라는 생각이 머릿속에 남았습니다. 이대로 넘어갈 순 없다는 생각에 몇 시간에 걸쳐 폭풍 검색을 했고, 국내외 수많은 맥주 사이트를 살펴보고 나서야 크림 에일이라는 문구가 '맥주의 스타일' 중 하나라는 것을 알게 되었습니다.

크림 에일 라거 맥주의 깔끔함과 에일 맥주의 부드러운 풍미를 지닌 맥주. 부드러운 질감과 고소함, 은근한 단맛을 느낄 수 있어 크림 에일이라는 이름이 붙었다. 미국의 대표적인 맥주 스타일 중 하나로, 깔끔하고 순한 미국 라거 맥주의 인기에 맞서기 위해 에일 맥주 양조장에서 만들어낸 맥주다.

앞선 설명처럼 크림 에일이 어떤 의미인지, 왜 크림 맛이 안 나는지 알게 되니 그제서야 '당했다!'라는 배신감이 사라지면서 '내가 맥주에 대해 좀 더 알았다면 이런 일이 없었겠구나'라는 생각이 들었습니다. '라벨도 중요하지만 맥주에 대한 사전 지식을 갖춰야 구매에 실패하지 않겠다'라는 결론까지 내리게 되었고요.

"라벨보다 스타일!"

저처럼 맥주 라벨만 보고, 혹은 에일과 라거라는 문구만 보고 비싼 크래프트 맥주를 골랐다가 쓰라린 마음을 부여잡았던 사람이 많았을 거라고 생각합니다. 《맥주탐구생활》은 쓰라린 마음 대신 맛있는 맥주를 찾을 수 있게 돕는 맥주 가이드북입니다. 향, 맛, 색, 기원 등을 바탕으로 구분되는 '맥주의 스타일'에 대한 소개를 일러스트와 그래픽을 활용해 정리했습니다. 처음 크림 에일을 마시고 당혹감을 감추지 못해 폭풍 검색을 했던 그 마음을 담아 하나하나 탐구하는 심정으로 그림을 그리고 글로 풀어냈습니다.

맥주에 대해 좀 더 알아보고 싶었으나 두꺼운 맥주 책에 지레 부담을 느낀 사람, 라벨만 보고 맥주를 골랐다가 실패했던 쓰라린 추억을 가진 사람, 자신이 마신 맥주가 어떤 스타일인지 궁금했던 사람까지. 이 책이 맥주를 좋아하는 모든 사람에게 유용하게 읽히고 활용되기를 진심으로 바랍니다.

김호

PART 1

기초
탐구

BEER
맥주

맥주는 세계에서 가장 오래된 발효주이자 대중적으로 사랑받는 술입니다. '보리를 발효시켜 만든 술'로 4~13% 정도의 도수를 가지며 재료와 양조법에 따라 다양한 색과 맛을 띕니다.

✱
탐구 플러스
맥주는 독일 Bier, 프랑스 Biere, 이탈리아 Birra, 포르투갈 Cerveja, 스페인 Cerveza, 체코 Pivo 등 나라에 따라 불리는 이름이 무척 다양합니다. 맥주의 라벨을 살펴보면, 다양한 각 나라별 명칭이 나열되어 있는 것을 쉽게 발견할 수 있습니다.

CRAFT BEER
크래프트 맥주

크래프트 맥주는 1980년대 생겨난 단어로, 비슷비슷한 대기업 맥주에 질린 미국양조자협회(American Brewers Association)에서 만든 명칭입니다. 소규모^{Small}, 독립^{Independent}, 전통^{Traditional}이라는 신념을 지켜 만들어서 양조장만의 개성이 살아있는 맥주를 지칭합니다. 크래프트^{Craft}라는 단어의 뜻 때문에 장인 맥주, 공예 맥주라고도 불리지만 소규모 양조장의 맥주라고 이해하는 것이 그 뜻에 더 가깝습니다.

✱
탐구 플러스
국내에서는 '수제 맥주'라고 부르는 경우가 많습니다만, 크래프트 맥주라는 명칭이 가지는 본래의 의미를 담기 위해 이 책에서는 크래프트 맥주로 표기했습니다.

BEER INGREDIENTS
맥주의 재료

맥주는 종류가 다양하지만, 재미있게도 맥주를 이루는
기본 재료는 생각보다 단순합니다. 본격적인 맥주 탐구에 앞서
각 재료가 맥주에서 맡은 역할을 알아봅시다.

홉
맥주 양조에 빠져서는
안 되는 필수 향신료

몰트
맥주의 맛과 색, 향을
결정하는 주원료

물
맥주의 품질을 좌우하는
가장 기본적인 재료

효모
알코올과 탄산을 만들어내는
핵심 재료

부재료
맥주의 맛을 보조하는
다양한 재료들

몰트 Malts
맥주의 맛과 색, 향을 결정하는 주원료

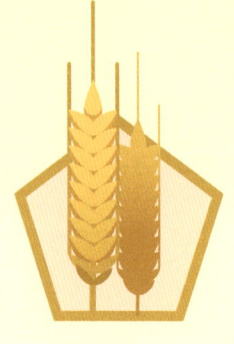

맥주는 발아시킨 보리, 몰트^{Malts}*로 만든 발효주입니다. 몰트는 보리를 물에 담가 싹을 틔운 후 건조시킨 것입니다. 일반 보리가 아닌 몰트를 사용하는 이유는 발아 과정에서 보리가 가진 전분을 당으로 바꿔 주는 효소가 생성되기 때문입니다. 당은 발효 과정에서 효모와 만나 맥주의 탄산과 알코올을 생성하고, 맥주 특유의 단맛이 됩니다. 몰트의 종류와 양을 어떤 방식으로 사용하는지에 따라 맥주의 풍미와 색이 결정됩니다. 밝은 색의 몰트를 사용하면 황금빛의 맥주, 어두운 색의 몰트를 사용하면 어두운 색의 맥주가 됩니다. 일반적으로 맥주를 만들 때 여러 종류의 몰트를 섞어 사용하기 때문에 다양한 풍미가 복합적으로 나타납니다.

*몰트는 우리말로 '맥아'입니다. 이 책에서는 몰트로 통일했습니다.

― 몰트의 역할 ―

✘
탐구 플러스
맥주에 관련된 정보를 찾다 보면 "몰티^{Malty}하다!"라는 표현을 자주 봅니다. 맥주의 다양한 맛 중 '몰트가 만들어낸 맛이 강조된'이라는 의미로 이해하면 됩니다. 빵, 시럽 같은 맛부터 초콜릿, 커피 맛까지 모두 "몰티하다"라고 표현합니다.

---------- 몰트의 종류 ----------

페일 몰트 : 가장 기본적으로 사용되는 몰트
캐러멜 몰트 : 맥주에 캐러멜과 같은 단맛과 무게감을 주는 몰트
초콜릿 몰트 : 초콜릿과 같은 색깔을 띠며 맥주에 다크초콜릿 향을 부여
블랙 몰트 : 고온에서 구운 몰트로 맥주에 탄 맛과 검은 빛깔을 부여
그 밖에도 필스너 몰트, 비엔나 몰트 등 다양한 몰트가 있습니다.

---------- 몰트의 맛 ----------

몰트는 어떤 온도에서 건조하는지, 또 양을 얼마나 넣는지에 따라 다양한 맛과 질감을 만들어냅니다. 대부분의 맥주가 여러 종류의 몰트를 섞어 만드니, 맛 또한 복합적으로 나타나겠죠?

홉 Hop
맥주 양조에 빠져서는 안 되는 필수 향신료

홉은 특유의 상쾌한 향과 쓴맛으로 맥주 맛의 균형을 잡아 줍니다. 또한 천연 항균 성분을 가지고 있어 맥주 내 잡균을 억제하고, 거품 유지를 돕는 등의 역할을 하기 때문에 맥주 양조 시 빠져서는 안 되는 필수 재료입니다. 솔방울 모양의 열매를 사용하는 홉은 200여 가지 이상의 품종이 있으며, 원산지와 재배 환경에 따라 풍미와 향이 달라집니다. 일반적으로 맥주에 사용할 때는 건조 후 압착해 사용하며, 여러 종류의 홉을 섞어 사용합니다.

홉의 역할

향　　풍미　　거품 유지　　항균 효과　　쓴맛

홉의 종류

캐스케이드^{Cascade} : 미국을 대표하는 홉으로 강한 시트러스 향이 특징
콜럼버스^{Columbus} : 시트러스 향과 나무, 흙 냄새가 어우러진 홉
사츠^{Saaz} : 체코를 대표하는 홉으로 필스너 맥주에 주로 사용
퍼글^{Fuggle} : 투박한 흙과 과일의 향을 내는 영국의 홉
넬슨 쇼빈$^{Nelson\ Sauvin}$: 뉴질랜드의 홉으로 패션 푸르츠, 파인애플 등 과일 향이 특징

홉의 향

맥주에 사용되는 홉은 향을 부여하는 아로마 홉$^{Aroma\ Hop}$, 쓴맛을 부여하는 비터 홉$^{Bitter\ Hop}$, 두 가지 모두를 사용하는 듀얼 홉$^{Dual\ Hop}$ 등으로 분류할 수 있습니다. 맥주를 양조할 때는 여러 종류의 홉을 섞어 사용하는 것이 일반적인데, 어떤 홉을 사용하는지에 따라 맥주의 맛이 달라집니다.

레몬   솔   자몽
풀   흙   망고
파인애플   청포도   장미

효모 Yeast
알코올과 탄산을 만들어내는 핵심 재료

효모는 맥주에 빠져서는 안 되는 알코올과 탄산을 만들어내는 핵심적 역할을 합니다. 몰트에서 추출한 당을 효모가 먹고 이산화탄소와 알코올을 배출하는데, 이를 숙성시키면 맥주가 완성됩니다. 효모마다 활동하는 온도가 달라 어떤 효모를 어느 정도의 온도에서 발효시키느냐에 따라 라거[Lager]와 에일[Ale]로 구분됩니다. 효모의 가장 큰 역할은 알코올과 탄산을 생성하는 것이지만, 에일 효모 중 일부는 발효를 마친 후 특유의 향과 풍미를 만들어내기도 합니다.

효모의 역할

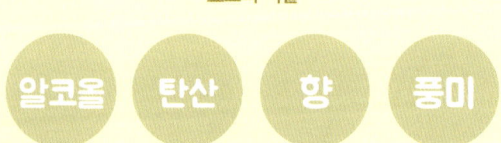

알코올 · 탄산 · 향 · 풍미

효모가 만들어내는 향

에일 맥주에 사용되는 효모 중 일부는 발효를 마친 후 에스테르^{Ester}라고 불리는 특유의 향을 남깁니다. 독일의 바이젠^{Weizen}, 벨기에의 세종^{Saison} 등에서 효모가 만들어내는 독특한 향을 느낄 수 있습니다.

물 Water
맥주의 품질을 좌우하는 가장 기본적인 재료

맥주의 90% 이상은 물로 이루어져 있기에 깨끗한 물을 사용하는 것은 양조에서 가장 기본 사항입니다. 또한 어떤 지역의 물을 사용하느냐에 따라 맥주의 맛이 크게 달라집니다. 맥주에 사용하는 물은 칼슘과 마그네슘 등 물에 함유된 미네랄 성분을 기준으로 경수와 연수로 구분합니다. 미네랄 함량이 높은 경수는 맛이 진한 맥주에 적합하고, 미네랄 함량이 낮은 연수는 깔끔한 맛의 맥주를 양조할 때 적합합니다. 오늘날 맥주 회사는 어떤 스타일의 맥주를 양조하느냐에 따라 물에 칼슘, 마그네슘 등을 첨가해 가공 처리해서 사용합니다.

물의 종류

색이 엷고 맛이 깔끔한 맥주에 적합한 물. 필스너Pilsner, 페일 라거Pale Lager가 연수를 활용해 양조된 대표 맥주입니다.

색이 진하고 몰트와 홉이 강조된 맥주에 적합한 물. 페일 에일Pale Ale, 스타우트Stout 등이 경수를 활용해 양조된 대표 맥주입니다.

부재료
맥주의 맛을 보조하는 다양한 재료들

대부분의 맥주는 몰트를 이용해 만들지만, 맥주에 따라 다른 곡물과 향신료를 첨가하기도 합니다. 각 부재료의 특색이 달라 어떤 재료를 얼마나 넣느냐에 따라 맥주 맛이 크게 달라집니다.

BREWING PROCESS
맥주 양조 과정

분쇄 몰트를 분쇄합니다.

당화와 여과 분쇄된 몰트를 물과 섞어서 당분을 추출한 후 여과합니다.

맥아즙 냉각 열 교환기를 이용해 맥즙의 온도를 발효 온도로 낮춥니다.

발효 맥아즙을 발효 탱크로 옮긴 다음 효모를 투여합니다.

끓이기 여과된 맥아즙을 끓이면서 홉을 첨가합니다.

침전 맥즙을 빠르게 회전시켜 불순물과 홉 찌꺼기를 분리합니다.

숙성 발효를 마친 맥주를 숙성 탱크로 옮겨 숙성시킵니다.

살균과 포장 완성된 맥주는 살균 과정을 거친 후 케그와 병, 캔에 옮겨 담습니다.

맥주의 구분

맥주를 구분하는 가장 대표적 방법은 발효법입니다.
발효법에 따라 크게 라거^{Lager}, 에일^{Ale}, 람빅^{Lambic}으로 구분됩니다.

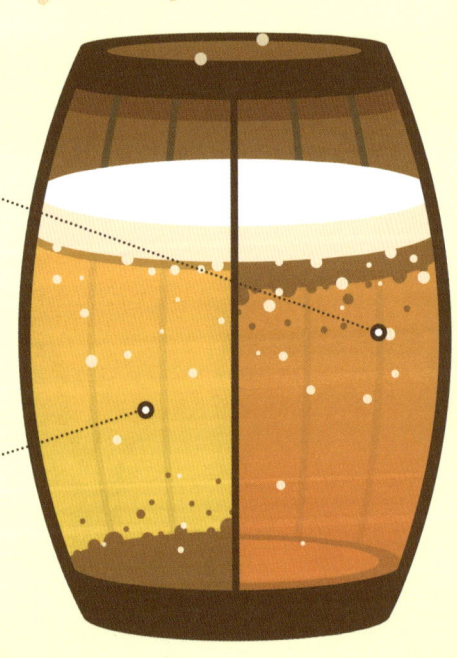

(자연발효 맥주)

맥주를 자연 그대로의 환경에 노출시켜 공기 중에 떠다니는 효모로 발효시킨 것을 람빅이라고 부릅니다. 자연 그대로의 방식을 이용한다고 해서 자연발효 맥주라고도 부릅니다.

(상면발효 맥주)

맥주를 발효할 때 효모가 맥주의 표면 위로 떠오른다고 해서 상면발효 맥주라고 부릅니다. 15~24도 사이의 상온에서 발효되어 상온발효 맥주라고도 불립니다.

(하면발효 맥주)

맥주를 발효할 때 효모가 맥주 바닥으로 가라앉는다고 해서 하면발효 맥주라고 부릅니다. 라거 맥주를 발효할 때 사용하는 효모의 경우 13도 이하의 저온에서만 활동하고, 저온에서 장기 숙성하는 양조법을 사용해 저온발효 맥주라고도 불립니다.

BEER ESSAY 01

나만의 맥주 취향 찾기
맥주 스타일의 이해

"라거는 순하고 깔끔하며, 에일은 맛과 향이 강하다."

맥주에 대해 검색하다 보면 가장 쉽게 발견할 수 있는 문장입니다. 틀린 말은 아니지만 이런 짧은 문장으로 100여 종에 달하는 다양한 맥주의 맛을 전부 표현할 수는 없습니다. 앞서 소개한 에일과 라거는 단지 효모와 발효법의 차이일 뿐이며, 실제 맥주의 맛은 어떤 재료가 얼마나 들어가느냐에 따라 크게 달라집니다.

이를테면 라거 맥주의 하나인 복^{Bock} 맥주는 웬만한 에일 맥주보다 훨씬 묵직한 목넘김과 진한 맛을 느낄 수 있습니다. 마찬가지로 에일 가운데서도 골든 에일$^{Golden\ Ale}$, 쾰쉬^{Kölsch} 등의 맥주는 상쾌하고 깔끔한 맛으로 사랑 받는 스타일입니다.

다양한 맥주 세계에서 자신만의 취향을 찾으려면 에일과 라거라는 개념보다 맥주의 색, 맛, 발상지, 알코올 도수 등으로 정해지는 스타일을 이해하고 접근하는 것이 지름길입니다.

PART 2

스타일 탐구

BEER STYLE MAP
맥주 스타일 지도

오랜 시간 쌓인 정보를 바탕으로 맥주를 구분하고 평가하기 위해 만들어진 스타일은 맥주에 들어가는 재료, 색, 맛, 향, 지역 등으로 구분되는 일종의 맥주 가이드라인입니다. 대부분의 맥주 라벨에는 스타일명이 기재되어 있어서 스타일별 특징을 기억해 둔다면 낯선 맥주를 고를 때 실패 확률을 줄일 수 있습니다. 맥주의 스타일은 워낙 종류가 많고 그 표현이 낯설지만, 하나씩 천천히 들여다보면 나름의 패턴이 있어 어렵지 않게 다가갈 수 있습니다.

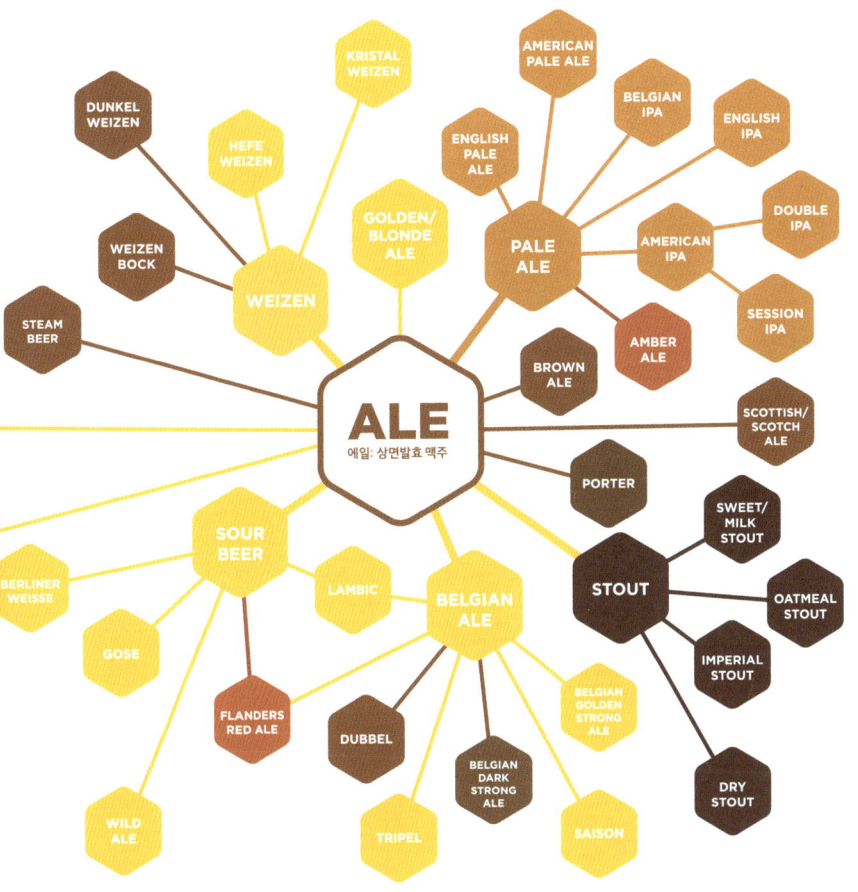

나라별 스타일 특징

맥주를 생산하는 나라는 많지만, 대부분의 맥주 스타일 발상지가 유럽이다 보니 맥주 스타일은 아시아보다 유럽을 기준으로 소개되는 경우가 많습니다. 본격적인 스타일 탐구에 들어가기 전에 대표적인 맥주 스타일을 만들어낸 나라들의 특징을 소개하겠습니다.

GERMANY

라거의 발상지

오늘날 전 세계에서 사랑 받는 라거 맥주가 탄생한 나라입니다. 맥주의 재료를 네 가지로 엄격히 제한하는 법령인 맥주 순수령을 선포했던 나라이자 매년 세계에서 가장 큰 맥주 축제 옥토버페스트가 열리는 맥주 강국입니다.

독일을 대표하는 맥주 스타일
German Beer Style

바이젠, 메르첸, 쾰쉬, 고제, 헬레스, 슈바르츠비어, 둥켈, 복

ENGLAND

클래식한 에일 맥주 강국

라거 맥주의 발상지가 독일이라면, 영국은 에일 맥주 강국입니다. 페일 에일, 브라운 에일, 포터, 스타우트 등 다양한 에일 맥주의 발상지이기도 하죠. 대화하며 맥주를 즐기는 펍 문화가 발달한 나라답게 여러 잔 마실 수 있는 순하고 부드러운 맥주가 많습니다.

영국을 대표하는 맥주 스타일
English Beer Style

페일 에일, 브라운 에일, 영국식 IPA, 포터, 스타우트

BELGIUM

AMERICA

다채로운 맥주가 존재하는 맥덕의 천국

우리나라 국토 면적의 1/3 크기인 작은 나라지만 수도사들의 맥주인 트라피스트 맥주, 자연발효 맥주 람빅 등 가장 다양한 스타일의 맥주가 존재하는 나라입니다. 독일과 달리 맥주 순수령의 영향을 받지 않아서 다양한 향신료와 부재료를 넣은 독특한 스타일의 맥주가 많습니다.

벨기에를 대표하는 맥주 스타일
Belgian Beer Style

두벨, 트리펠, 벨지안 다크 스트롱 에일, 플랜더스 레드 에일, 벨지안 골든 스트롱 에일, 벨지안 블론드 에일, 윗비어

크래프트 맥주의 나라

오늘날 크래프트 맥주의 유행을 주도하고 있는 나라입니다. 유럽의 맥주 레시피를 빌려와 자국의 재료를 사용해 만든 맥주를 비롯해, 상식을 파괴하는 색다른 맥주까지 선보이고 있습니다. 현재 세계에서 가장 큰 크래프트 맥주 시장을 보유하고 있습니다.

미국을 대표하는 맥주 스타일
American Beer Style

아메리칸 페일 에일, 아메리칸 IPA, 크림 에일, 더블 IPA

스타일
탐구 준비

스타일명 / 스타일 키워드 / 대표 맥주

PILSNER
필스너

맥주 색 / 한 줄 평

씁쓸한 맛이 매력적인, 최초의 황금빛 맥주
스타일 키워드 #씁쓸함 #최초의_황금빛_맥주 #깔끔함

투명한 황금빛 외관과 새하얀 거품으로 우리에게 가장 익숙한 스타일의 맥주입니다. 황금빛 맥주에 대해 이야기하려면 필스너를 빼놓을 수 없는데, 1842년에 등장한 필스너 우르켈$^{Pilsner\ Urquell}$이 바로 최초의 황금빛 맥주이기 때문입니다.

대부분의 맥주가 어두운 빛깔을 띠고 있던 19세기에 혜성처럼 등장한 필스너는 투명한 유리잔의 대량 생산 시기와 맞물려 순식간에 유럽의 맥주 시장을 장악했습니다. 그때부터 꾸준하게 사랑 받으며, 오늘날 가장 대중적인 맥주 스타일 중 하나로 자리 잡게 되었습니다.

허브, 꽃과 같은 홉의 향과 몰트의 단맛이 조화를 이루어 홉의 매력에 입문하고 싶은 사람에게 좋은 맥주 스타일입니다. 필스너 타입 맥주의 대표 주자는 필스너 우르켈로, 여기서 우르켈^{Urquell}은 독일어로 '원조'라는 뜻입니다.

특징

※ 탐구 플러스

필스너는 체코식 필스너와 독일식 필스너로 나뉩니다. 독일식 필스너는 보다 가볍고 깔끔한 맛을 추구하며, 독일산 홉을 넣는 것이 특징입니다. 체코식 필스너와 차이를 두기 위해 라벨에 필제너^{Pilsener} 또는 필스^{Pils}라고 적는 경우가 많습니다.

탐구 플러스

스타일 탐구 파트는 기본적으로 발효법을 기준으로 라거와 에일로 나누어져 있습니다. 다만 라거와 에일을 넘어서는 보다 뚜렷한 특징을 가진 맥주 스타일을 묶기 위해 밀맥주, 벨지안 에일, 다크, 사워 에일이라는 구성을 추가했습니다. 책의 실용성을 높이기 위해 2020년 10월 기준으로 국내에서 만나볼 수 있는 맥주 위주로 구성했습니다.

구성

스타일명: 맥주의 스타일명을 보여줍니다.
맥주 색: 해당 스타일의 평균적인 맥주 색을 보여줍니다.
한 줄 평: 스타일의 특징을 간략하게 요약해 보여줍니다.
스타일 키워드: 스타일의 특징을 키워드로 보여줍니다.
대표 맥주: 소개하는 스타일을 대표하는 맥주를 소개합니다.
특징: 스타일을 소개합니다.
탐구 플러스: 스타일별 특징과 알아두면 좋을 맥주 상식을 소개합니다.

KROMBACHER
PILS
크롬바커
필스

독일 4.8%

고소한 빵, 비스킷 등 곡물 맛과 은은한 홉의 향을 느낄 수 있는 독일식 필스너. 일반 필스너 맥주에 비해 쓴맛이 적고 가벼워 마시기에 편하다.

BUDWEISER
BUDVER
부데요비츠키
부드바

체코 5%

필스너 우르켈과 더불어 체코를 대표하는 맥주 중 하나로 빵, 버터와 같은 고소한 맛과 허브, 플로럴한 홉의 향을 느낄 수 있다.

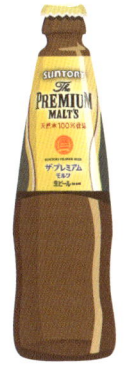

SUNTORY PREMIUM
MALT'S
산토리 프리미엄
몰츠

일본 5.5%

일본 맥주 시장에 후발주자로 등장한 산토리 사의 성공을 이끌어낸 필스너 맥주. 다이아몬드 몰츠와 사츠 홉이 만들어내는 섬세한 꽃, 풀 향기와 고소한 곡물 맛이 조화를 이룬다. 고급스러운 맛도 느낄 수 있다.

라거 LAGER

PILSNER
필스너

씁쓸한 맛이 매력적인, 최초의 황금빛 맥주
스타일 키워드 #씁쓸함 #최초의_황금빛_맥주 #깔끔함

투명한 황금빛 외관과 새하얀 거품으로 우리에게 가장 익숙한 스타일의 맥주입니다. 황금빛 맥주에 대해 이야기하려면 필스너를 빼놓을 수 없는데, 1842년에 등장한 필스너 우르켈Pilsner Urquell이 바로 최초의 황금빛 맥주이기 때문입니다.

대부분의 맥주가 어두운 빛깔을 띠고 있던 19세기에 혜성처럼 등장한 필스너는 투명한 유리잔의 대량 생산 시기와 맞물려 순식간에 유럽의 맥주 시장을 장악했습니다. 그때부터 꾸준하게 사랑 받으며, 오늘날 가장 대중적인 맥주 스타일 중 하나로 자리 잡게 되었습니다.

허브나 꽃과 같은 홉의 향과 몰트의 단맛, 씁쓸한 맛이 조화를 이루어 홉의 매력에 입문하고 싶은 사람에게 좋은 맥주 스타일입니다. 필스너 타입 맥주의 대표 주자는 필스너 우르켈로, 여기서 우르켈Urquell은 독일어로 '원조'라는 뜻입니다.

> ✱ **탐구 플러스**
>
> 필스너는 체코식 필스너와 독일식 필스너로 나뉩니다. 독일식 필스너는 보다 가볍고 깔끔한 맛을 추구하며, 독일산 홉을 넣는 것이 특징입니다. 체코식 필스너와 차이를 두기 위해 라벨에 필제너Pilsener 또는 필스Pils라고 적는 경우가 많습니다.

  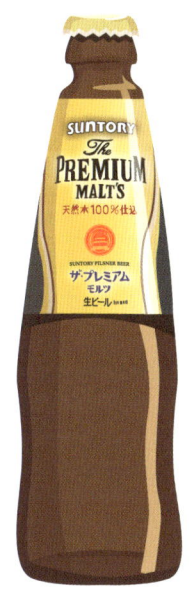

KROMBACHER
PILS
크롬바커
필스

독일 4.8%

고소한 빵, 비스킷 등 곡물 맛과 은은한 홉의 향을 느낄 수 있는 독일식 필스너. 일반 필스너 맥주에 비해 쓴맛이 적고 가벼워 마시기에 편하다.

BUDWEISER
BUDVER
부데요비츠키
부드바

체코 5%

필스너 우르켈과 더불어 체코를 대표하는 맥주 중 하나로 빵, 버터와 같은 고소한 맛과 허브, 플로럴한 홉의 향을 느낄 수 있다.

SUNTORY PREMIUM
MALT'S
산토리 프리미엄
몰츠

일본 5.5%

일본 맥주 시장에 후발주자로 등장한 산토리 사의 성공을 이끌어낸 필스너 맥주. 다이아몬드 몰츠와 사츠 홉이 만들어내는 섬세한 꽃, 풀 향기와 고소한 곡물 맛이 조화를 이룬다.

PALE LAGER
페일 라거

전 세계적으로 사랑 받는 라거의 대명사
스타일 키워드 #깔끔함 #시원함 #가벼움

하이네켄, 칭따오, 하이트, 칼스버그, 밀러 등 낯익은 이름을 가진 맥주의 공통점은 국내의 마트나 편의점에서 쉽게 만나볼 수 있다는 것과 맥주의 스타일 중 페일 라거에 해당한다는 점입니다. 라거 맥주의 대명사로 불리는 페일 라거는 필스너에서 느낄 수 있는 홉의 쓴맛을 줄여 보다 편하게 마실 수 있도록 대중화한 스타일의 맥주입니다. 깔끔하고 가벼운 맛과 시원한 목 넘김 덕분에 세계에서 가장 사랑 받는 맥주 스타일이기도 하죠.

알코올 도수 역시 4~6%로 높지 않습니다. 청량한 맛 덕분에 음식과의 궁합도 좋아 인기가 많지만, 맥주의 주재료인 몰트와 홉의 풍미나 개성은 느끼기 어려운 스타일입니다.

> ❈ 탐구 플러스
>
> 라거 맥주의 대명사라 그럴까요? 다른 맥주와 달리 페일 라거는 라벨에 스타일명이 적혀 있지 않는 경우가 많습니다. 라벨에 별다른 스타일명 없이 '라거'라고 강조되어 있다면 페일 라거일 확률이 높습니다.

GROLSCH LAGER
그롤쉬 라거

네덜란드 5%

하이네켄과 함께 네덜란드를 대표하는 페일 라거. 은은한 홉 향과 씁쓸하면서도 깔끔한 맛이 특징이다. 스윙탑Swing-Top 스타일의 독특한 병 디자인이 인기가 많았지만, 최근에는 캔 제품이 주력 상품이 되었다.

STELLA ARTOIS
스텔라 아르투아

벨기에 5.2%

벨기에에서 탄생한 라거 맥주 스텔라 아르투아. 크리스마스 한정으로 출시된 제품이었는데, 높은 인기로 정식 제품이 된 것으로 유명하다. 옥수수가 들어가 고소하면서도 깔끔해 부담 없이 마시기에 좋은 맥주다.

TERRA
테라

대한민국 4.6%

2019년 하이트진로에서 출시한 페일 라거. 호주산 몰트를 사용해 만든 것과 국내 맥주업계에선 드문 초록병을 사용한 것이 특징으로, 출시 후 큰 인기를 끌었다. 시원하고 깔끔한 맛에 고소한 몰트의 캐릭터가 또렷하다.

LIGHT LAGER
라이트 라거

부담 없이 마시는 저칼로리 맥주
스타일 키워드 #저칼로리 #탄산감 #가벼움

페일 라거의 가벼운 쌉쌀함마저 부담스러웠던 미국의 양조업자들은 맥주를 부드럽게 만드는 재료인 옥수수나 쌀 등을 첨가하여 고소하고 부드러운 맛에 집중한 맥주를 만들어냅니다. 그렇게 탄생한 스타일이 바로 라이트 라거입니다. 옥수수, 쌀 등 몰트 외의 부가물이 들어갔다고 해서, 미국식 부가물 라거^{American Adjunct Lager}라는 이름으로 불리기도 합니다. 많은 맥주 회사들이 페일 라거의 가벼운 버전으로 라이트 라거를 생산하고 있습니다. 버드 라이트, 카스 라이트, 밀러 라이트 등이 여기에 해당하는 맥주입니다. 국내에서 쉽게 만날 수 있는 라이트 라거에는 카스 라이트^{Cass Light}가 있습니다. 기존 맥주에 비해 칼로리를 33% 줄이고 가벼운 목 넘김과 탄산감에 집중한 맥주입니다.

최근 맥주에 대한 관심이 높아지면서 우리나라 맥주가 맛없다는 이야기가 많은데, 이는 대부분의 한국 맥주가 정통 맥주의 풍미를 느끼기 힘든 페일 라거, 라이트 라거에 해당하는 스타일이기 때문입니다.

> ❋ **탐구 플러스**
>
> 쌀과 옥수수는 맥주에 고소한 맛과 부드러움을 더해 주는 기능도 하지만, 몰트보다 단가가 저렴해 생산 원가를 낮추는 역할도 합니다. 그래서 일부 전문가는 기업들이 맥주의 풍미보다 원가 절감을 더 추구한다는 이유로 라이트 라거의 생산을 비판하기도 합니다.

HELL/HELLES
헬/헬레스

뮌헨의 자존심이 담긴 황금빛 맥주
스타일 키워드 #깔끔함 #뮌헨의_자존심 #고소함

최초의 황금빛 맥주 필스너가 등장한 이후 유럽의 양조장들은 너 나 할 것 없이 밝은색 맥주를 만들기 시작했습니다. 그에 반해 자존심 강한 뮌헨의 양조업자들은 전통을 지키기 위해 기존의 어두운 맥주(둥켈Dunkel)를 고수하다가 50년이라는 긴 시간이 지나서야 뮌헨식 금빛 맥주인 헬레스를 만들게 됩니다.

쌉쌀한 맛이 특징인 필스너와 경쟁하기 위해 만들어졌기 때문에 헬레스 스타일 맥주에서는 홉의 쓴맛 대신 몰트의 고소한 풍미를 느낄 수 있습니다. 덕분에 가볍고 순해 편하게 마시기 좋은 맥주입니다.

헬레스 맥주로는 독특한 파란 라벨이 인상적인 뢰벤브로이 오리지널LöwenBräu Original을 만나볼 수 있습니다. 부드러운 몰트의 단맛과 은은한 홉의 쓴맛이 조화를 이룬 맥주입니다. 맥주 라벨에서 헬을 발견하더라도 지옥의 맛이 아니니 놀라지 말고 도전해 보세요.

✱ 탐구 플러스

독일어 헬과 헬레스는 다른 맥주 스타일 앞에 붙어 맥주가 밝은색을 띤다는 것을 알려줍니다. 예를 들면 헬레스 복Helles bock은 밝은 빛깔의 복 맥주를 가리킵니다.

KÖLSCH
쾰쉬

라거와 에일의 장점을 합친 하이브리드 맥주
스타일 키워드 #깔끔함 #밸런스 #하이브리드_맥주

차갑게 마시면 깔끔하고 가벼운 맛이라 잘 넘어가고, 상온에서 마시면 은은한 과일 향을 느낄 수 있는 두 가지 매력의 맥주입니다. 라거스러운 에일 또는 하이브리드 에일이라는 별명을 가진 쾰쉬는 에일 효모를 사용해 맥주를 발효시킨 후 라거처럼 차가운 온도에서 숙성시키는 방법으로 양조하는 맥주 스타일입니다.

쾰쉬는 오로지 독일의 쾰른 지방에서 만든 맥주에만 붙일 수 있는 이름입니다. 대형 마트와 편의점에서 쉽게 찾아볼 수 있는 가펠 쾰쉬^{Gaffel Kölsch}를 통해 하이브리드 맥주를 경험해 보세요!

MÄRZEN/ OKTOBERFESTBIER
메르첸/옥토버페스트비어

옥토버페스트 축제의 상징과 같은 맥주
스타일 키워드 #고소함 #캐러멜 #축제맥주

일반적인 독일 라거 맥주보다 짙은 색을 띠며 고소한 빵, 토스트 등 곡물 맛을 가진 맥주 메르첸. 독일어로는 3월을 의미하는데, 냉장시설이 없던 시절 날이 따뜻해지기 전인 3월에 맥주를 대량으로 양조했던 역사적 사실에서 유래된 이름입니다. 여름철에 오랫동안 두고 마셔야 했기에 고품질로 만들어졌던 메르첸은 독일의 맥주 축제 옥토버페스트Oktoberfest를 개시하는 첫 맥주로 제공되었다고 해서 옥토버페스트비어라고도 불립니다.

축제의 이름을 가진 맥주답게 독일의 많은 양조장이 10월 한정판으로 옥토버페스트비어를 출시하곤 합니다. 가성비 좋은 밀맥주로 유명한 파울라너에서도 일반 맥주보다 도수가 높고 진한 맛의 파울라너 옥토버페스트비어Paulaner Oktoberfestbier를 선보이곤 합니다. 날이 선선해지는 가을철, 옥토버페스트 축제에 못 가더라도 메르첸/옥토버페스트비어를 마시며 기분을 내 보면 어떨까요!

밀맥주 WHEAT BEER

HEFE-WEIZEN
헤페바이젠

풍성한 거품과 향을 가진 독일의 전통 맥주
스타일 키워드 #바나나 #탄산 #갈증해소

풍부한 거품과 강력한 탄산, 코를 간질이는 바나나 향까지 다양한 특징을 가진 바이젠Weizen은 접근성도 좋고 맛 역시 부담스럽지 않아서 많은 사랑을 받는 맥주 스타일입니다. 독일어로 '밀'을 뜻하는 바이젠은 맥주 내의 밀 맥아 함량이 50% 이상이라는 특징을 가집니다.

들어가는 재료, 알코올 도수에 따라 여러 카테고리가 생기는데 맥주 하단에 효모가 가라앉아 있는 헤페바이젠이 가장 대표적인 바이젠 맥주입니다(독일어로 헤페Hefe는 '효모'를 뜻합니다). 독일 맥주 축제인 옥토버페스트 6대 양조장 중 한 곳인 파울라너의 헤페바이스비어Paulaner Hefe-Weissbier를 통해 이 스타일을 만나볼 수 있습니다.

헤페바이젠 스타일의 맥주는 거품이 풍성하고 효모가 가라앉아 있어 전용 잔에 마시는 것이 좋습니다. 잔에 맥주를 2/3 정도 따른 후 병을 흔들어 남은 맥주와 효모를 천천히 따르면 완벽한 거품을 가진 헤페바이젠을 맛볼 수 있습니다.

✱ 탐구 플러스

바이젠 = 바이스비어
바이젠 맥주는 라벨에 '바이스비어'라고 적혀 있는 경우도 꽤 많은데요. 헤베바이젠이 과거 독일에서 유행했던 맥주에 비해 색깔이 밝아 '하얀 맥주'라는 의미의 바이스비어Weissbier라고도 부릅니다.

AYINGER
BRÄU-WEISSE
아잉거
브로바이스

독일 5.1%

크림색과 블루톤으로 이루어진 예쁜 라벨과 병뚜껑 덕에 마니아가 많은 밀맥주. 보기 좋은 라벨에 걸맞게 맥주 맛도 훌륭하다. 바이스 앞에 붙은 브로^{Bräu}는 '양조장'을 뜻한다.

WEIHENSTEPHANER
HEFEWEISSBIER
바이엔슈테판
헤페바이스비어

독일 5.4%

세계에서 가장 오래된 양조장을 가진 바이엔슈테판 사의 대표작. 정통 독일식 헤페바이젠의 정석과도 같은 맥주로, 레이트비어^{Ratebeer}를 비롯한 수많은 맥주 평가 사이트에서 오랫동안 1위를 고수하며 높은 평가를 받고 있다.

ERDINGER
WEISSBIER
에딩거
바이스비어

독일 5.3%

국내 편의점과 대형 마트에서 쉽게 구할 수 있는 에딩거는 세계에서 가장 큰 밀맥주 회사 중 한 곳이다. 바나나, 정향 등의 향을 느낄 수 있으며 다른 헤페바이젠에 비해 탄산이 강해서 여름철 갈증 해소에 적합한 맥주다.

KRISTALL-WEIZEN
크리스탈바이젠

이름처럼 투명하고 깔끔한 밀맥주
스타일 키워드 #투명한_밀맥주 #청량감 #깔끔함

일반 밀맥주는 효모와 밀이 가진 단백질 성분의 영향으로 탁한 금색을 띠는데, 크리스탈바이젠은 마지막 여과 과정을 통해 투명한 빛깔을 가지는 것이 특징입니다. 여과를 거치는 것을 제외하면 양조 과정은 동일해서 바나나, 정향 등의 향과 탄산감이 느껴지는 바이젠 고유의 특징을 그대로 가지고 있습니다. 차이점은 다른 밀맥주보다 섬세하고 깔끔한 맛을 가졌다는 것입니다.

오로지 밀맥주만을 양조하는, 오랜 역사를 지닌 독일 브랜드 슈나이더 바이세 크리스탈 Schneider Weisse Kristall은 밀맥주와 페일 라거의 장점만을 절묘하게 섞은 듯한 맥주입니다. 잔에 따르면 크리스탈이라는 스타일명에 걸맞는 투명한 황금빛과 하얀 거품을 맛볼 수 있습니다.

WEIZENBOCK
바이젠복

추운 겨울날에 어울리는 묵직한 밀맥주
스타일 키워드 #높은_도수 #묵직함 #검붉은_과일

바이젠복은 직역하면 도수를 강화한 밀맥주라는 뜻입니다. 기존 바이젠보다 몰트의 함량이 높아 바나나, 검붉은 과일, 캐러멜 등의 진한 맛을 느낄 수 있는 맥주로, 알코올 도수 역시 높아서 한 잔만 마셔도 몸이 따뜻해지는 것을 느낄 수 있습니다. 일반 밀맥주의 낮은 알코올 도수가 아쉬웠던 사람이 선택하면 좋을 스타일입니다.

밀맥주의 명가 슈나이더 바이스 탭6 운저 아벤티누스 Schneider Weisse Tap 6 Unser Aventinus 는 도수가 8.2%나 되는 대표적인 바이젠복 스타일로 밀 맥주 특유의 향과 건포도, 프룬과 같은 검붉은 과일의 달콤한 풍미가 복합적으로 어우러진 진한 맛의 맥주입니다. 추운 겨울날에 몸을 덥혀 줄 맥주가 생각날 때 바이젠복 스타일을 골라 보세요.

> ❋ **탐구 플러스**

복은 라거 맥주 스타일 중 하나이지만, 스타일명 앞뒤에 붙어 '도수를 강화한'이라는 뜻으로 쓰이기도 합니다.

DUNKELWEIZEN
둥켈바이젠

오랜 전통을 가진 어두운 빛깔의 밀맥주
스타일 키워드 #바나나 #캐러멜 #고소함

일반 밀맥주에 구운 몰트를 첨가해 어두운 색깔을 띠는 맥주를 독일어로 '어둡다'라는 뜻인 둥켈^{Dunkel}을 붙여 둥켈바이젠이라고 부릅니다. 구운 몰트가 가져오는 초콜릿, 캐러멜 등의 향과 밀맥주 특유의 바나나 향이 조화롭게 어우러집니다. 실제 초콜릿이나 견과류, 디저트를 곁들여 마셔도 좋은 맥주입니다.

풍성한 거품과 캐러멜, 바나나 향의 조화가 일품인 바이엔슈테판 헤페바이스비어 둥켈^{Weihenstephaner Hefeweissbier Dunkel}로 둥켈바이젠 스타일을 만나보세요.

> ✖ **탐구 플러스**
>
> 맥주에 단백질 성분인 밀이 들어가면 일반 맥주보다 풍성한 거품이 생깁니다. 급하게 잔에 따르면 맥주가 아닌 거품만 맛보게 될 수 있으니, 바이젠 종류의 맥주를 마실 땐 주의를 기울여야 합니다.

MAISELS WEISSE DUNKEL 마이셀 바이스 둥켈	**AYINGER URWEISSE** 아잉거 우르바이스	**ERDINGER DUNKEL** 에딩거 둥켈

독일 5%

1887년 설립된 밀맥주 전문 브랜드 마이셀 바이스의 둥켈바이젠. 다른 바이젠 맥주에 비해 탄산이 적고 밸런스가 좋아 여러 잔 마시기 좋은 맥주다.

독일 5.8%

독일 아잉거 브루어리의 둥켈바이젠. 밀맥주 특유의 정향, 바나나와 몰트에서 비롯되는 캐러멜, 몰트의 풍미를 복합적으로 느낄 수 있다. 레이트비어 사이트에서 둥켈바이젠 스타일 2위를 자랑하는 맥주다.

독일 5.3%

밀맥주를 전문적으로 양조하는 에딩거답게 훌륭한 품질을 자랑하는 둥켈바이젠. 밀맥주 특유의 향을 베이스로 초콜릿, 곡물의 고소함과 같은 몰트의 풍미를 느낄 수 있다. 어두운 색 덕분에 무거워 보일 수 있으나 가볍고 깔끔한 맛의 맥주다.

WITBIER
윗비어

우아하고 향긋한 벨기에식 밀맥주
스타일 키워드 #향긋함 #부드러움 #오렌지_껍질

향긋하고 부드러운 맛으로 유명한 호가든^{Hoegaarden}으로 대표되는 윗비어 스타일은 일명 '벨기에식 밀맥주'입니다. 독일의 밀맥주인 바이젠^{Weizen}에서 바나나, 정향 등을 느낄 수 있다면 벨기에식 밀맥주에서는 오렌지 껍질과 고수 씨앗^{Coriender}이 첨가되어 화사한 오렌지 향을 맡을 수 있습니다.

바이젠이 여러 이름으로 불리는 것처럼 윗비어도 다양한 이름을 가지고 있습니다. 뿌연 외관이 타 맥주보다 하얗다는 의미로 벨지안 화이트$^{Belgian\ White}$, 프랑스식 표현으로 비에르 블랑쉐$^{Bière\ blanche}$로 불립니다. 평소 호가든과 같은 오렌지 향이 나는 맥주를 좋아하는 사람이라면 라벨을 유심히 살펴보세요.

호가든의 창시자 셀리스 화이트의 이름을 따 만든 셀리스 화이트$^{Celis\ White}$ 맥주를 통해 정통 윗비어의 풍미를 경험할 수 있습니다.

> ✱ **탐구 플러스**
>
> 부르는 명칭이 다양한 윗비어는 화이트 에일, 위트 에일이라고 부르기도 합니다. 정말 윗비어가 맞는지 걱정스럽다면 첨가물을 확인해보세요. 코리앤더와 오렌지 껍질이 들어갔다면 윗비어가 확실합니다.

TIMMERMANS LAMBICUS BLANCHE
팀머만스
람비쿠스 블랑셰

벨기에 4.5%

람빅의 명가 팀머만스의 하이브리드 윗 비어. 대중적으로 큰 사랑을 받는 윗 비어 스타일에 마니악한 사워 맥주, 람빅의 터치가 절묘하게 묻어난 것이 매력적이다. 평소 윗 비어를 좋아하거나, 람빅 맥주 입문자에게 강력 추천하는 맥주.

JEJU WIT ALE
제주
위트 에일

대한민국 5.3%

제주맥주와 미국 브루클린 브루어리의 파트너십으로 완성한 맥주. 윗 비어 스타일에 오렌지 껍질이 들어가는 것을 비틀어, 제주 유기농 감귤 껍질을 활용한 것이 큰 특징이다. 산뜻하고 화사한 향이 입 안 가득 부드럽게 퍼지는 것이 매력적이다.

KRONENBOURG 1664 BLANC
크로넨버그 1664
블랑

프랑스 5%

프랑스에서 만드는 윗비어로 하얗다는 의미의 Blanc이 적혀있다. 다른 위트 에일과 다르게 시럽, 합성 착향료가 들어가 소다 향 같은 단맛이 있다. 새파란 병과 시원시원한 외관, 가볍고 향긋한 맛 덕에 높은 인기를 가지는 맥주.

BEER ESSAY 02

맥주 순수령

맥주에 대해 관심을 가지다 보면 자연스럽게 알게 되는 법이 하나 있습니다. 오늘날 독일을 세계 최고의 맥주 국가로 만든 맥주 순수령(Reinheitsgebot)이 그 주인공입니다. 맥주 순수령은 1516년 독일 바이에른 지역에서 맥주의 재료를 보리, 물, 홉 세 가지로 규정한다고 공표한 법령입니다. 당시에는 효모의 존재를 알지 못했기에 세 가지로 재료가 표기되었고, 추후 1906년에 정식으로 효모가 추가되었습니다.

이 법령이 선포된 까닭은 당시 북부 독일에 비해 남부 독일의 맥주 품질이 좋지 못했고, 양조업자들이 맥주를 만들 때 검증되지 않은 재료를 넣는 경우가 많았기 때문입니다. 또한 식량이 부족했던 시기여서 맥주의 재료를 보리로 한정하여 밀을 아끼기 위한 이유도 있었습니다. 1516년 순수령이 선포된 이후 남부 독일의 맥주 품질은 비약적으로 올라갔고, 1919년 바이에른이 하나의 독일이 되면서 맥주 순수령은 독일 전체에 적용되었습니다. 장점이 많은 맥주 순수령이지만, 그 이면에는 단점도 있습니다. 다양한 재료를 사용해 만들었던 전통 독일 맥주들이 순수령에 어긋난다는 이유로 사라지게 되었기 때문입니다. 덕분에 오늘날 독일 맥주는 품질은 정말 좋지만 다양성이 떨어진다는 평가를 받기도 합니다. 몇몇 전문가는 이런 점을 빗대어 "독일 맥주는 재미없는 모범생 같다"라고 표현하죠.

한편 맥주의 재료를 엄격히 제한하는 맥주 순수령 아래 밀 함량이 50%나 들어가는 바이젠이 독일을 대표하는 맥주로 살아남을 수 있었던 것은 법 위에 있었던 소수의 귀족이 몰래 밀맥주를 만들어 마셨기 때문입니다. 이것이 오늘날까지 독일식 밀맥주를 맛볼 수 있는 이유이기도 합니다. 당시 서민들의 입장에서 보면 약 오르는 일이지만, 그 덕분에(?) 지금까지 밀맥주가 살아남을 수 있었다고 생각하면 다행인 것도 같습니다.

BEER ESSAY 03

어른의
바나나 우유

어릴 때 주말이면 부모님과 대중목욕탕에 가곤 했습니다. 그 시절 목욕탕은 무척 기분 좋고 설레는 곳이었습니다. 목욕탕이 좋았던 이유는 여러 가지지만 그중 베스트는 역시 목욕 후 마시는 바나나 우유였습니다. 노곤하게 풀어진 몸을 깨끗하게 닦은 후 마시는 달콤한 한 모금이란! 아쉽게도 성인이 된 후에는 대중목욕탕에 갈 일이 자주 없어 목욕 후 바나나 우유를 마시는 일이 줄었지만, 어른이 되었기에 더 좋은 대안을 찾았습니다. 바로 샤워 후 마시는 바나나 향 물씬 풍기는 독일 밀맥주 바이젠입니다!

밀맥주는 원체 종류도 많고 어떤 걸 마셔도 맛있지만, 목욕 후 마시기에 좋은 밀맥주는 아잉거 시리즈가 아닐까 싶습니다. 예쁜 라벨, 병 뚜껑과 더불어 뚱뚱한 병 모양마저 바나나 우유를 닮아 샤워 후에 마시면 그렇게 기분이 좋더라고요.

국내에 수입되는 아잉거의 밀맥주는 두 종류가 있습니다. 브로바이스가 오리지널 밀맥주의 맛이라면 우르바이스는 곡물 맛이 더 많이 느껴지는 진한 맛이에요. 라벨을 살펴보면 낯선 단어들이 적혀 있습니다. 밀맥주를 의미하는 WEISSE 앞에 붙은 Ur은 독일어로 '순수한' '근원', Bräu는 '양조장'을 뜻합니다.

요즘 더위 때문에 스트레스도 많이 받고 샤워할 일도 늘어났는데, 샤워를 마친 후 시원한 맥주 한 잔 마시면 조금이나마 스트레스가 풀리지 않을까 싶습니다.

에일 ALE

GOLDEN/ BLOND ALE
골든/블론드 에일

화사하고 밝은 맛의 입문용 에일 맥주
스타일 키워드 #깔끔함 #부드러움 #은은함

"에일 맥주는 너무 쓰고 진해!"라고 생각했던 사람이라면 골든 또는 블론드 에일이라고 적혀 있는 맥주를 골라 보세요. 이름처럼 멋진 황금색을 가진 이 맥주는 은은한 과일과 꽃의 향, 깔끔한 몰트의 맛, 가벼운 목 넘김을 가지고 있어 부담 없이 마실 수 있습니다. 알코올 도수 역시 4~7% 정도로 높지 않고 쓴맛이 적어 에일 맥주에 입문하려는 사람에게 추천합니다.

보기만 해도 시원해지는 느낌의 세련된 일러스트 라벨로 인기가 높은 코나 빅 웨이브 Kona Big Wave가 골든 에일의 대표적 맥주입니다.

CREAM ALE
크림 에일

크림같이 부드러운 질감이 매력적인 맥주
스타일 키워드 #부드러움 #고소함 #라거_같은_에일

생크림 같은 유제품의 달콤한 맛이나 우리나라의 크림 생 맥주를 떠올리게 하는 이름과 달리 페일 라거와 비슷한 맛과 외관을 지닌 맥주입니다. 다른 맥주에 비해 부드러운 질감을 느낄 수 있다고 해서 크림 에일이라는 이름이 붙었습니다.

버드와이저와 밀러로 대표되는 미국 라거 맥주의 인기에 맞서기 위해 에일 맥주 양조장에서 만든 부드럽고 순한 맥주로, 황금색 외관과 하얀 거품을 가지며 고소한 몰트의 맛과 부드러운 질감을 즐길 수 있는 것이 특징입니다. 대표적인 크림 에일로 제네시 크림 에일 Genesee Cream Ale이 있습니다. 최근 미국의 크래프트 맥주 양조장에서는 부드러운 질감의 크림 에일에 어울리는 바닐라, 커피 등의 향신료를 첨가하는 재미난 시도를 하기도 합니다.

ENGLISH
PALE ALE
영국식 페일 에일

영국 에일 맥주의 대명사
스타일 키워드 #허브 #캐러멜 #밸런스

라거의 대명사가 페일 라거였듯, 페일 에일은 에일 맥주의 대명사입니다. 에일 효모가 만들어내는 풍부한 꽃과 과일 향, 영국에서 재배한 홉 특유의 허브, 풀, 흙 내음 그리고 몰트의 달콤함이 조화롭게 어우러지는 것이 특징입니다. 오래전부터 국내에 수입되어 마니아가 많은 런던 프라이드 $^{Fuller's\ London\ Pride}$는 이런 영국식 페일 에일의 특징을 고스란히 느낄 수 있는 맥주 입니다.

맥주를 따르면 Pale(색이 엷은)이라는 단어의 뜻이 무색할 정도로 구릿빛을 띠지만, 페일 에일이 만들어지던 당시에는 영국에서 유행하던 맥주에 비해 색이 밝아서 이런 이름이 붙었다고 전해집니다. 영국에서 만들어지는 페일 에일에는 '비터^{Bitter}'라는 이름이 붙고, 다른 나라에서 만들어지면 영국식 페일 에일$^{English\ Pale\ Ale}$이라고 표기합니다. 과거에는 '페일 에일 = 영국 맥주'가 당연한 공식이었으나 시트러스, 열대과일 등 홉 향을 강조한 미국식 페일 에일$^{American\ Pale\ Ale}$이 전 세계적으로 큰 사랑을 받은 이후로 둘을 구분하기 위해 '영국식 페일 에일'이라고 부르게 되었습니다.

> ✱ 탐구 플러스
>
> 영국의 페일 에일은 알코올 도수에 따라 오디너리 비터 〈 스페셜 비터 〈 엑스트라 스페셜 비터로 나뉩니다.

FIRESTONE WALKER DOUBLE BARREL ALE
파이어스톤 워커 더블 배럴 에일

미국 5%

오크 통에 맥주를 숙성시키는 양조법으로 유명한 파이어스톤 워커의 대표작. 줄여 DBA라고 부르는 이 맥주는 19세기 영국의 페일 에일에서 영감을 받았다고 한다. 영국식 페일 에일에 오크 배럴이 선사하는 나무, 바닐라, 오크 향이 더해진 우아한 풍미가 매력적이다.

FULLER'S ESB
풀러스 ESB

영국 5.9%

영국식 페일 에일 중 도수가 가장 높은 엑스트라 스페셜 비터 Extra Special Bitter 에 해당하는 맥주다. 시트러스, 허브, 캐러멜, 나무 등 맥주의 주재료가 만들어내는 조화로운 풍미를 느낄 수 있는 밸런스가 훌륭한 맥주다.

ST. AUSTELL TRIBUTE
세인트 오스텔 트리뷰트

영국 4.2%

영국 세인트 오스텔 브루어리에서 170년 동안 만들어져 온 완성도 높은 맥주. 영국식 페일 에일답게 달콤한 캐러멜, 고소한 비스킷, 오렌지, 찻잎, 베리류와 같은 풍미를 느낄 수 있다. 런던 프라이드를 좋아한다면 꼭 드셔보시길.

AMERICAN PALE ALE
미국식 페일 에일

열대과일과 꽃 향기가 상큼한 에일 맥주
스타일 키워드 #열대과일 #시트러스 #상쾌함

자몽, 오렌지 등 미국 홉 특유의 상큼하고 화사한 향과 깔끔한 끝맛, 부담 없는 도수 덕분에 크래프트 맥주를 좋아하는 사람에게 사랑 받는 스타일입니다. 영국식 페일 에일이 몰트와 홉, 효모가 만들어내는 조화로운 맛을 추구하는 것과 달리 미국식 페일 에일은 자국에서 생산되는 홉을 강조한 것이 특징입니다.

미국식 페일 에일은 1980년대 버드와이저로 대표되는 미국식 대기업 맥주의 단순하고 비슷비슷한 맛에 만족하지 못한 미국의 소규모 양조장들이 영국의 맥주 스타일을 빌려와서 미국 재료를 이용해 만든 것이 그 기원입니다. 국내에서도 미국식 페일 에일의 클래식으로 불리는 시에라 네바다 페일 에일Sierra Nevada Pale Ale, 제주 펠롱 에일 등 수많은 크래프트 양조장의 미국식 페일 에일을 만나볼 수 있습니다.

 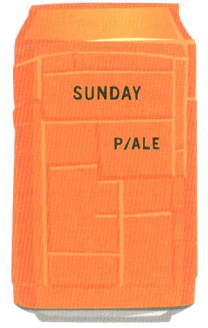 

JEJU PELLONG ALE
제주 펠롱 에일

대한민국 5.5%

제주맥주에서 출시한 아메리칸 페일 에일. 펠롱은 '반짝'이라는 뜻의 제주 방언이라고. 산뜻한 시트러스, 꽃향과 몰트의 캐러멜스러운 단맛이 잘 어우러져, 한 모금만 마셔도 왜 펠롱이라는 이름이 붙었는지 단박에 이해가 된다.

AND UNION SUNDAY PALE ALE
앤드 유니온 선데이 페일 에일

독일 5.5%

미니멀한 디자인과 감각적인 색감으로 인기가 높은 브랜드 앤드 유니온의 페일 에일. 타 아메리칸 페일 에일과 비교했을 때 상대적으로 홉의 쓴맛이 적고 단맛이 부드러워. 일요일 대낮에 마셔도 부담이 없을만큼 음용성이 훌륭하다.

THE BOOTH x MIKKELLER TAEDONGGANG PALE ALE
더 부스 x 미켈러 대동강 페일 에일

대한민국 4.6%

덴마크 브루어리 미켈러와 한국의 크래프트 맥주 회사 더 부스가 협업해 완성한 맥주. 풍성한 열대과일, 시트러스와 같은 화사한 향을 느낄 수 있으며 씁쓸하면서도 드라이한 끝맛을 가진 깔끔한 맥주다.

ENGLISH
INDIA PALE ALE
영국식 인디아 페일 에일(IPA)

영국이 자랑하는 전통 맥주
스타일 키워드 #쌉쌀함 #과일향 #캐러멜

인도가 영국령이던 당시 영국의 양조업자들은 인도에 거주하는 영국인들을 위해 배로 맥주를 운송하곤 했습니다. 장기간의 여행길에도 맥주가 상하지 않도록 방부 효과를 지닌 홉을 잔뜩 넣고 도수를 높여 만들었던 것이 인디아 페일 에일의 기원입니다.

과거와 달리 냉장 시설이 발달한 오늘날 영국은 과거의 IPA 양조법을 따르기보다 대중에게 손쉽게 다가가고자 더 가볍고 순한 방식으로 양조법을 변경했습니다. 그렇게 만들어진 영국식 IPA는 꽃, 과일, 풀을 연상시키는 은은한 향과 캐러멜의 단맛, 쌉쌀한 뒷맛이 특징입니다.

열대과일이나 시트러스한 향, 강렬한 쓴맛의 미국 IPA에 익숙한 사람이 IPA라는 글자만 보고 영국식 IPA를 마시게 되면 예상치 못한 순한 맛에 당황하는 경우가 종종 있습니다. 그러므로 라벨의 출신지를 꼭 확인해야 합니다.

GREENE KING
INDIA PALE ALE
그린 킹
인디아 페일 에일

영국 3.6%

맛과 도수가 순하고 가벼운 편으로 은은한 캐러멜, 허브, 풀 향과 쌉쌀한 끝맛을 가진 이지 드링킹 맥주다. 라벨에 영국식이라고 표시되지 않고 'IPA' 문구가 크게 적혀있어, 미국식 IPA로 오해한 사람들의 슬픈 후기가 잔뜩인 '웃픈' 맥주이기도.

BROOKLYN EAST
INDIA PALE ALE
브루클린 이스트
인디아 페일 에일

미국 6.9%

국내에서 맛볼 수 있는 몇 안 되는 미국 동부식 IPA. 캐러멜과 같은 몰트의 단맛과 허브, 솔, 풀 향기가 조화로운 맥주다. 음용성을 강조하는 브루클린 브루어리답게 절묘한 밸런스를 가져 여러 잔 마시기에 좋다.

GOOSE ISLAND
INDIA PALE ALE
구스 아일랜드
인디아 페일 에일

미국 5.9%

미국식 IPA가 대세인 국내 맥주 시장에서 유일하게 편의점에서 만날 수 있는 영국식 IPA. 네 캔에 1만원인 맥주이지만 그레이트 아메리칸 비어 페스티벌에서 여섯 번이나 메달을 획득한 맥주이기도 하다. 화사한 시트러스 향과 훌륭한 음용성이 특징.

AMERICAN INDIA PALE ALE
미국식 인디아 페일 에일(IPA)

오늘날 크래프트 맥주의 아이콘
스타일 키워드 #시트러스 #쌉쌀함 #열대과일

영국이 기원인 인디아 페일 에일을 미국식으로 재해석한 맥주로, 오늘날 크래프트 맥주 붐을 일으킨 '크래프트 맥주의 아이콘'이라고 불립니다. 이제는 라벨에 IPA라고 적혀 있으면 대부분 미국식이라고 봐도 될 정도로 큰 사랑을 받는 스타일입니다. 홉이 주인공인 맥주답게 미국 홉 특유의 시트러스(오렌지, 자몽), 열대과일, 꽃 향기가 풍부하며 한 모금 마시면 은근한 몰트의 단맛과 강렬한 쓴맛을 느낄 수 있습니다. 쌉쌀한 맛의 여운이 길게 남는 것도 특징입니다.

라거 맥주에 익숙한 사람이 IPA를 처음 접하면 풍성한 향과 강한 쓴맛에 깜짝 놀랄 수도 있지만, 취향만 맞는다면 다른 맥주가 생각나지 않을 만큼 개성이 강한 맥주입니다. 대형 마트에서도 쉽게 만나볼 수 있는 밸러스트 포인트 스컬핀 Ballast Point Sculpin, 인디카 IPA, 스톤 IPA 등을 통해 크래프트 맥주의 아이콘을 경험해 보세요!

✱ 탐구 플러스

미국의 IPA는 큰 땅덩어리만큼이나 그 수가 방대한데, 쓴맛과 과일 향이 강렬한 웨스트 코스트 West Coast IPA와 영국식 IPA처럼 재료 간 밸런스를 추구하는 이스트 코스트 East Coast IPA로 분류합니다. 국내에 수입된 IPA는 대부분 웨스트 코스트 IPA가 많습니다. 이스트 코스트 IPA는 브루클린 이스트 IPA를 통해 맛볼 수 있습니다. 또한 운송 기간을 늘리기 위해 맥주에 홉을 다량 투입했다는 어원과는 반대로, IPA는 빨리 마실수록 홉 본연의 향과 맛을 즐길 수 있습니다.

**BREWDOG PUNK
INDIA PALE ALE**
브루독 펑크
인디아 페일 에일

스코틀랜드 5.6%

'스코틀랜드의 또라이'라는 별명을 가진 양조장 브루독의 IPA. 양조장의 강렬한 별명이나 '펑크'라는 맥주 이름과 다르게 5.6%라는 부담 없는 도수로 여러 잔 마시기에 좋은 맥주다. 시트러스, 망고, 청포도 등 화사한 향이 매력적이다.

**STONE
INDIA PALE ALE**
스톤
인디아 페일 에일

미국 6.9%

미국 샌디에이고의 양조장 스톤 브루어리를 대표하는 맥주. 잔에 맥주를 따르면 오렌지, 솔, 자몽의 향이 쏟아진다. 강렬한 홉의 풍미, 몰트의 단맛, 쌉쌀하고 드라이한 끝맛까지 밸런스 좋은 IPA 맥주의 특징을 고루 갖춘 맥주다.

**BELCHING BEAVER
PHANTOM BRIDE**
벨칭비버
팬텀 브라이드

미국 7.1%

미국의 밴드 데프톤즈와 벨칭비버가 한정으로 만든 맥주였으나 큰 사랑을 받고 현재는 연중 생산 제품이 되었다. 아마릴로, 심코, 모자익 홉을 사용해 화려한 시트러스 향을 자랑한다. 터프한 라벨과 다르게 여러 잔 마시기 좋은 음용성 높은 IPA.

SESSION
INDIA PALE ALE
세션 인디아 페일 에일(IPA)

부담 없이 즐길 수 있는 IPA
스타일 키워드 #시트러스 #낮은_도수 #홉

IPA를 좋아하지만 높은 도수가 부담스러웠던 분이라면 맥주 라벨에서 세션Session이라는 단어를 찾아보세요. 일반적인 IPA에서 도수를 낮춰 술이 약한 사람도 부담 없이 즐길 수 있도록 만든 IPA를 세션 IPA라고 부릅니다. 도수를 대폭 낮췄기 때문에 묵직한 알코올의 느낌이나 몰트의 단맛은 덜하지만 홉 특유의 매력적인 향과 쌉쌀한 맛은 그대로 살아 있어 음용성과 대중성을 고루 갖춘 맥주 스타일입니다.

맥주탐구생활을 처음 출간했을 당시(2017년)에는 찾기 어려운 스타일이었습니다만, 2020년 현재는 국내외 다양한 브랜드의 세션 IPA를 편의점에서 만나볼 수 있게 되었습니다. 덕 덕 구스 세션 IPA Duck Duck Goose Session IPA는 구스 아일랜드 브루 펍 매장에서 오랫동안 사랑받았던 베스트셀러 레시피를 바탕으로 만든 제품입니다. 모자익, 심코 홉이 들어가 열대과일을 연상케 하는 풍부한 과일 향이 특징으로 쓴맛 걱정 없이 편하게 마실 수 있는 맥주입니다. 다음 날이 걱정되어 딱 한 잔의 맥주만 마셔야 하는 날이라면 세션 IPA를 골라보는 건 어떨까요?

> ✱ **탐구 플러스**
>
> 맥주 용어에서 세션은 IPA 외 다른 스타일 앞에 붙어 도수를 낮췄다는 의미로 사용됩니다. 예를 들면 세션 세종Session Saison은 도수를 낮춘 세종 스타일 맥주입니다.

BEER ESSAY 04

매일 생각나는
험상궂은 맥주

맥주 일러스트를 그리다 보니 친구들에게 "어떤 맥주가 가장 좋아?"라는 질문을 정말 많이 받습니다. 질문을 받을 때마다 혼자만 심각해져 "세상에 맥주가 얼마나 많은데 어떻게 하나만 꼽으라고 할 수 있어!"라고 말하고 싶어집니다.

그럼에도 매일 마셔도 질리지 않는 맥주가 뭐냐고 물으면 가장 먼저 생각나는 것이 바로 골든 에일 스타일 중 하나인 홉고블린 골드입니다. 라벨만 놓고 보면 험상궂게 생긴 고블린이 도끼까지 들고 있어 선뜻 손이 안 가고, 엄청 독하지 않을까 걱정이 되지만 도수는 4.5%밖에 되지 않습니다. 맥주를 잔에 담으면 복숭아, 오렌지, 청포도 등 과일이 연상되는 향이 은은하게 퍼지고, 맛 역시 깔끔해 친구들과 대화하며 마시기에 정말 좋은 맥주입니다. 많이 마셔도 부담이 없고요. 맥주 역시 외모(?)만 보고 판단하면 안 되는 것 같습니다.

대형 마트에서 쉽게 찾을 수 있고 행사도 잦으니, 눈에 보이면 꼭 한 번 맛보길 권합니다. "에일 맥주는 쓰지 않나요?"라고 말하는 사람에게도 추천합니다.

AMERICAN AMBER/RED ALE
미국식 앰버/레드 에일

달콤쌉쌀한 밸런스가 매력적인 맥주
스타일 키워드 #시트러스 #달콤쌉쌀 #캐러멜

맥주의 색을 짙게 만들어주는 크리스탈 몰트를 넣어 붉은 빛깔을 띤다고 해서 앰버(호박색) 또는 레드 에일이라고 부릅니다(여기서 말하는 호박은 채소 호박이 아닌 광물 호박을 뜻합니다). 아메리칸 페일 에일의 특징인 시트러스, 열대과일의 향을 그대로 가져온 채, 캐러멜이나 견과류, 은은한 커피와 같은 몰트의 단맛까지 함께 느낄 수 있어, 한 마디로 표현하면 '달콤쌉쌀'한 맛이 나는 맥주입니다. 두 재료 간의 밸런스가 좋아 여러 잔 마시기에도 좋습니다.

GS25와 아크 브루어리가 함께 만드는 맥주, 광화문은 라벨에는 서울라이트 에일이라는 문구가 적혀있지만 앰버 에일에 해당하는 제품입니다. 자양강장제 중 하나로 알려진 한약재 맥문동이 들어간 것이 특징으로 은은한 커피, 캐러멜의 단맛과 쌉쌀한 홉의 맛이 잘 어우러지는 맥주입니다.

 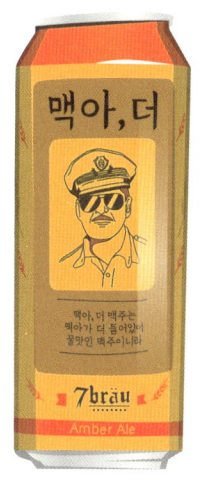 

NEW BELGIUM
FAT TIRE
뉴 벨지움
팻 타이어

7BRAU
MAC A, THE
세븐브로이
맥아, 더

ANDERSON VALLEY
BOONT AMBER ALE
앤더슨 밸리 분트
앰버 에일

미국 5.2%

대한민국 4.7%

미국 5.8%

미국 콜로라도의 유명 양조장 뉴 벨지움 브루어리를 대표하는 맥주. 비스킷, 캐러멜과 같은 몰트 캐릭터와 과일 스러운 풍미가 균형감 있게 잘 어우러지는 대중성 갖춘 앰버 에일이다.

라거 맥주 일색이었던 국내 맥주 업계에서 뚝심있게 에일 맥주를 만들어온 양조장 세븐 브로이에서 만든 앰버 에일. 왠지 구입을 망설이게 만드는 라벨 디자인이지만 앰버 에일 특유의 몰트 캐릭터를 또렷하게 느낄 수 있다.

몰트의 풍미가 강조된 맥주. 캐러멜, 허브 등의 풍미가 도드라지고 쓴맛이 적어 편하게 마실 수 있다. 라벨에는 사슴 뿔 달린 곰이 그려져 있는데, 곰[Bear]과 사슴[Deer]을 합쳐 만들어낸 'Beer'라는 가상의 마스코트다.

DOUBLE
INDIA PALE ALE
더블 인디아 페일 에일(IPA)

파도처럼 밀려오는 강한 쓴맛
스타일 키워드 #높은_도수 #홉_폭탄 #시트러스

미국의 크래프트 양조장은 점차 늘어가는 IPA 마니아를 위해 홉의 매력을 극한까지 끌어올린 맥주를 출시합니다. 임페리얼 또는 더블 IPA라고 불리는 이 스타일은 한 모금 마시면 파도처럼 쌉싸래한 맛이 밀려오는데, IPA에 익숙한 사람이 아니라면 절로 인상을 찌푸리게 될지도 모릅니다.

홉이 잔뜩 들어간 미국식 맥주답게 시트러스와 솔 향이 풍부하며, 높은 쓴맛을 뒷받침하기 위해 몰트 함량 역시 올라가 진한 맛과 높은 도수를 자랑합니다. 재료가 잔뜩 들어갔기 때문에 가격도 일반 맥주보다 높습니다. 기존 IPA 맥주로 만족하지 못했던 사람 또는 맥주의 진정한 쓴맛을 경험해 보고 싶은 사람이라면 더블 IPA에 도전해 보세요!

대표적인 더블 IPA로는 "홉의 에센스를 마지막 한 방울까지 짜냈다!"라고 말할 정도로 강력한 스톤 루이네이션 더블 IPA Stone Ruination Double IPA 가 있습니다.

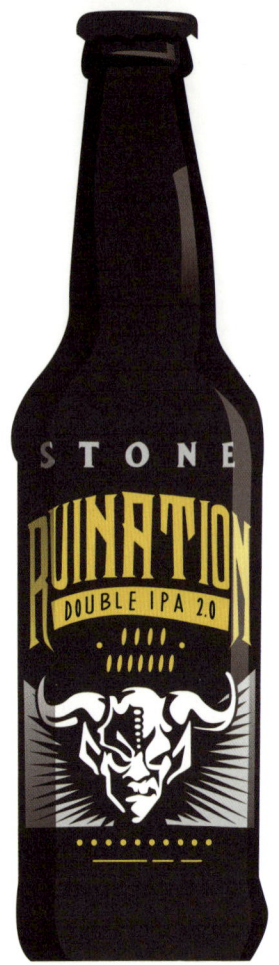

✹ 탐구 플러스

일반적으로 홉은 맥주를 양조하는 중간 과정에서 들어가는데, '드라이 호핑 Dry Hopping'은 맥주를 완성하기 직전 또는 완성 후에 홉을 넣는 것을 의미합니다. 이렇게 마무리 과정에서 홉을 넣으면, 홉 특유의 쓴맛은 빼고 풍부한 향만을 담을 수 있습니다. 몇몇 양조장은 더 강력한 향을 위해 드라이 호핑 과정을 두 번 이상 반복하기도 하는데, 이는 더블 드라이 호핑이라고 부릅니다.

NEW ENGLAND/ HAZY IPA
뉴 잉글랜드/헤이지 IPA

풍부한 향과 음용성을 자랑하는 마시기 편한 맥주
스타일 키워드 #주스_같은 #쭉쭉_들어가는 #높은_음용성

주스처럼 뿌옇고 탁한 외관, 과즙 또는 과일 에센스가 들어간 게 아닌지 의심스러울 정도로 풍부하고 화사한 향, 몇 잔이고 연거푸 마셔도 될 만큼 부드러운 음용성까지. 이 모든 것이 바로 새롭게 등장한 맥주 스타일, 뉴 잉글랜드 IPA의 특징입니다.

미국 뉴 잉글랜드 지역의 한 양조장, 알케미스트 브루어리 Alchemist Brewery에서 처음 등장한 이 맥주 스타일은 기존 IPA 맥주에서 쓴맛을 덜어내고, 부드럽고 마시기 편하게 음용성을 높였습니다. 마무리 과정에서 효모를 제거하지 않아 뿌옇고 탁합니다. 맥주를 완성하는 몇몇 양조장에선 맥주에 밀이나 오트밀을 넣어 뿌연 외관과 부드러운 목넘김을 만드는데, 이 방식으로 만드는 맥주는 헤이지 IPA 라고 부릅니다. 홉의 풍부한 향이 생명인 뉴 잉글랜드 IPA는 하루가 멀다하고 향이 달라지기 때문에 캔입, 병입 날짜를 확인하여 최대한 빨리 마셔야 합니다. 덕분에 수입 과정이 오래 걸리는 해외 양조장의 뉴 잉은 국내에서 구하기가 쉽지 않습니다만, 다행스럽게 몇몇 국내 크래프트 양조장에서도 뉴잉 맥주를 만들고 있습니다. 어메이징브루잉컴퍼니의 첫사랑First Love은 밀과 귀리가 들어간 헤이지 IPA로 풍부한 열대과일 향과 약간의 스파이시한 풍미가 특징입니다.

BROWN ALE
브라운 에일

고소하고 달콤한 맛이 강조된 맥주
스타일 키워드 #고소함 #달콤함 #견과류

이름에서 연상되는 갈색 빛깔을 가진 맥주로 달콤한 캐러멜과 토스트 향, 견과류, 빵을 연상시키는 고소한 맛을 느낄 수 있습니다. 영국 본토의 브라운 에일은 영국식 페일 에일의 인기에 대항하기 위해 만들어져 홉의 쓴맛은 거의 나지 않고 은은한 몰트의 맛을 느낄 수 있는 것이 특징입니다.

브라운 에일을 고를 때 유의할 점이 있는데, 바로 스타일명 앞에 아메리칸이 표기되어 있는지를 확인하는 것입니다. 실험정신이 넘치는 미국의 크래프트 맥주 양조장은 영국의 순한 브라운 에일과의 차별화를 위해 몰트와 홉을 듬뿍 넣어 보다 진한 맛을 가진 맥주를 만들어냈습니다. 그러므로 부드럽고 순한 맛을 원한다면 영국식, 진한 맛을 원한다면 미국식 브라운 에일을 선택하면 됩니다.

대표적인 영국식 브라운 에일로는 투명한 병이 인상적인 뉴캐슬 브라운 에일(New Castle Brown Ale)이 있으며, 미국식 브라운 에일에는 로그 헤이즐넛 브라운 넥타(Rogue Hazelnut Brown Nectar)와 브루클린 브라운 에일(Brooklyn Brown Ale) 등이 있습니다.

ROGUE HAZELNUT
BROWN NECTAR
로그 헤이즐넛
브라운 넥타

LOST COAST DOWNTOWN
BROWN ALE
로스트 코스트
다운타운 브라운 에일

BROOKLYN
BROWN ALE
브루클린
브라운 에일

미국 6%

미국 브루어리인 로그의 브라운 에일. 부드러운 헤이즐넛 커피, 견과류 등의 은은한 향을 느낄 수 있다. 고소하면서 달콤해 자꾸 손이 가는 맥주로 실제 헤이즐넛 추출물이 0.001% 들어갔다.

미국 5%

인디카로 유명한 로스트 코스트 브루어리의 브라운 에일. 견과류와 커피, 초콜릿의 향과 풍미를 느낄 수 있다. 미국식 브라운 에일이지만 몰트나 홉의 은은한 존재감이 특징이다.

미국 5.6%

미국 재료만을 사용해 양조한 브루클린 브루어리의 브라운 에일. 달콤하면서도 고소한 몰트의 풍미와 부드러운 질감, 뒷맛의 씁쓸함까지 전체적인 밸런스가 좋아서 자꾸만 마시고 싶은 맥주다.

SCOTTISH/ SCOTCH ALE
스코티시/스카치 에일

지역의 기후와 환경이 만들어낸 스코틀랜드 고유의 스타일
스타일 키워드 #몰티 #캐러멜 #스코틀랜드

위스키로 유명한 스코틀랜드. 이곳은 지리적으로 곡물이 자라기에 좋은 환경이었지만, 홉을 재배하거나 수입하기에는 좋은 위치가 아니었습니다. 그래서 자연스럽게 몰트의 맛이 강조된 달거나 고소한 맥주를 생산하게 되었습니다.

일반적으로 도수가 낮은 맥주는 스코티시 에일이라고 부르고, 6% 이상의 강렬한 맥주는 스카치 에일 또는 위 헤비(Wee Heavy)라고 부릅니다. 국내에서는 스코틀랜드에서 만든 스카치 에일을 접하기 어려운데, 테넌츠 스카치 에일(Tennent's Scotch Ale)을 통해 그 맛을 경험할 수 있습니다. 테넌츠 스카치 에일은 캐러멜, 설탕 등 몰트의 개성을 듬뿍 느낄 수 있는 달콤한 맥주로, 높은 도수임에도 무겁지 않은 것이 특징입니다.

BEER ESSAY 05

"아기돼지 삼형제 중 누구에게 손이 가나요?"

제가 유독 맥주에 푹 빠지게 되었던 건 다른 술에 비해 라벨이 화려하고 자유로워 보였기 때문입니다. 화려한 색깔을 골라 그려낸 라벨은 화사한 맛이 날 것 같았고, 오래된 서체와 가문의 문양이 새겨진 맥주는 품질에 신뢰가 갔죠. 맥주에 대해 잘 몰랐을 때는 라벨의 이미지만 보고 골랐던 적이 대부분이었는데, 그럼에도 성공 확률이 높았습니다. 물론 실패도 했지만요!

바르셀로나 맥주 세르도스 볼라도레스 Cerdos Voladores 역시 라벨만 보고 도전했던 맥주였습니다. 사인펜으로 쓱쓱 그려낸 듯한 로고 타입과 만화 캐릭터같이 생긴 돼지가 귀여워 맥주를 구입하기까지 1초도 걸리지 않았죠. 다행스럽게 맛도 성공적이었습니다. 이 맥주의 재미있는 점은 똑같은 맥주를 세 가지 다른 라벨로 디자인해 판매한다는 것입니다. 디자이너는 아기 돼지 삼형제에서 영감을 받아 맥주 라벨을 그렸다고 합니다. 크래프트 맥주의 정신을 살리기 위해 실제 손으로 그려냈다는 것도 특이점이죠.

라벨처럼 귀여움 넘치는 맛은 아니지만 자몽, 오렌지, 소나무 등 화사한 향을 느낄 수 있는 미국식 인디아 페일 에일입니다. 평소 IPA의 쌉쌀한 맛을 좋아하는 사람이라면 분명 만족스러운 마음으로 맛볼 수 있을 것입니다.

벨지안 에일 BELGIAN ALE

SAISON
세종

벨기에 농부들이 사랑했던 여름 맥주
스타일 키워드 #깔끔함 #과일향 #스파이시

친숙한 이름 덕분에 '우리나라 맥주 스타일인가?'라고 생각할 수 있지만, 세종은 벨기에의 대표적인 맥주 스타일입니다. 계절을 의미하는 영어 Season과 동일한 프랑스어로, 농사를 짓지 않는 가을철 이후부터 맥주를 양조해 여름에 마셨다고 해서 세종이라는 이름이 붙었습니다.

레몬, 풀, 과일 등의 싱그러운 향과 벨기에 에일 효모의 스파이시함을 느낄 수 있으며 깔끔한 끝맛 덕분에 더운 여름 갈증 해소에 좋은 맥주입니다. 실제로도 벨기에 농부들이 여름철 목을 축이기 위해 마셨다고 전해지는데, 이런 사실 덕분에 미국에서 만드는 세종에는 팜하우스 에일 Farmhouse Ale 이라는 이름을 붙이기도 합니다.

벨지안 맥주 특유의 스파이시한 향이 있지만, 자극적이지 않아 벨기에 맥주에 입문하고자 하는 사람에게 좋습니다. 최근 크래프트 맥주 양조장 사이에서 인기가 높아 국내에서도 다양한 향신료를 첨가한 재미있는 세종 맥주를 맛볼 수 있습니다. 오리지널 세종 맥주가 궁금하다면 벨기에의 클래식한 세종 맥주인 세종 듀퐁 Saison Dupont 을 추천합니다.

GOOSE ISLAND
SOFIE
구스 아일랜드
소피

LA SIRENE
CUVEE DE BOIS
라 시렌 꾸베
드 브아

BROOKLYN
SORACHI ACE
브루클린
소라치 에이스

미국 6.5%

호주 6.2%

미국 7.8%

화이트 와인을 담았던 오크 통에 세종 맥주와 오렌지 껍질을 함께 넣고 숙성시켜 완성한 프리미엄 세종. 레몬, 오렌지, 화이트 와인의 향으로 시작해 바닐라, 후추, 헛간과 같은 복합적인 풍미까지 세종 맥주의 다양한 매력을 느낄 수 있다.

세종 맥주의 명가 라 시렌의 한정판 맥주. 세종이지만 람빅의 제조 기법을 적극 응용하여 만든 실험정신 넘치는 맥주이다. 프리 런으로 추출한 샤도네이 즙을 넣어 만든 것도 큰 특징. 세종을 좋아한다면 라시렌 양조장을 반드시 기억해두자.

일본에서 개량한 홉인 소라치 에이스를 넣어 만든 세종. 일반 세종 스타일 특징에 소라치 에이스가 가지는 레몬 향이 더해져 레몬 그라스, 허브, 후추의 향을 느낄 수 있는 산뜻하면서도 깔끔한 맛의 맥주다.

BELGIAN BLONDE ALE
벨지안 블론드 에일

달콤하고 부담 없는 대중적인 벨기에 맥주
스타일 키워드 #과일향 #드라이 #입문용_벨기에_에일

이름처럼 황금빛을 띤 맥주로 수많은 벨기에 에일 중 가장 대중적인 스타일입니다. 벨기에 에일 효모가 만들어내는 오렌지, 레몬 등 과일 향과 꿀, 시럽과 같은 몰트의 달콤함, 깔끔하게 떨어지는 끝맛이 특징이며 6~7.5% 정도의 도수를 가집니다. 유럽 전역을 휩쓴 필스너의 인기에 대항하기 위해 만들어진 스타일이니만큼 세종^{Saison}과 더불어 벨기에 맥주에 입문하고 싶은 사람에게 추천합니다.

국내에서도 오랫동안 사랑 받은 레페 블론드^{Leffe Blonde}는 일반적인 벨지안 블론드보다 달콤한 맛이 특징입니다. 대형 마트 등에서도 쉽게 찾아볼 수 있어 어렵지 않게 경험할 수 있습니다.

BELGIAN GOLDEN STRONG ALE
벨지안 골든 스트롱 에일

풍성한 향과 깔끔한 맛이 조화를 이룬 맥주
스타일 키워드 #황금빛 #깔끔함 #풍부한_거품

과거 황금빛 필스너 맥주가 유행한 이후 사람들이 어두운 색 맥주를 멀리하자 그 유행에 발맞춰 벨기에에서 탄생한 맥주 스타일입니다. 벨지안 블론드 에일이 6~7.5%의 대중적 도수였다면, 벨지안 골든 스트롱 에일은 스트롱이라는 이름에 걸맞게 10% 가까운 높은 도수를 자랑합니다. 꽃과 과일 향, 벨기에 효모의 스파이시한 향이 조화를 이룬 스타일로 풍부한 탄산과 가벼운 바디감 덕분에 높은 도수임에도 깔끔하게 마실 수 있습니다.

본격적인 크래프트 맥주의 유행이 오기 전부터 국내에 수입되어 많은 사랑을 받아온 듀벨^{Duvel}이 벨지안 골든 스트롱 에일의 원조입니다. 처음 만들어졌을 때 맛을 본 사람이 "이 맥주는 악마가 만든 맥주다!"라고 말한 덕분에 듀벨(악마)이라는 이름이 붙었다고 전해집니다. 듀벨은 매년 리미티드 에디션으로 홉을 다르게 사용한 트리플 홉 시리즈를 출시해서 많은 사랑을 받고 있습니다.

BEER ESSAY 06

"수도원에서
왜 맥주를 만들어?"

오늘날 고품질 맥주의 대명사로 통하는 수도원 맥주, 트라피스트 에일^{Trappist Ale}. 지인들에게 수도원 맥주를 소개할 때면 항상 "수도원에서 왜 맥주를 만들어?"라는 질문을 듣습니다. 종교 시설에서 맥주를 만드는 것이 낯설게 느껴질 수 있지만, 중세 유럽에서는 대부분의 수도원에서 맥주 양조를 했다고 전해집니다. 수도원에서 맥주를 양조했던 까닭은 여러 가지가 있습니다.

첫째, 수도사들은 기도 외에도 자급자족하는 것을 수행의 일부로 생각했습니다. 곡물을 재배하거나 목축을 통해 식량을 만들고, 여기서 수확한 것을 가지고 치즈나 맥주 등을 만들었습니다.

둘째, 당시 가장 높은 수준의 교육을 받았던 수도사들이 운영하던 수도원은 자연스럽게 종교, 사회, 문화적 중심지 역할을 했습니다. 왕을 비롯해 많은 순례자와 방문객을 맞이해야 했던 수도원은 이들에게 대접하는 용도로 맥주를 양조했다고 합니다.

셋째, 수도사들의 수행 가운데 금식 수행이 있습니다. 고통스러운 금식 기간에 액체 섭취는 계율에 반하지 않는다고 해서 곡물로 만든 맥주를 마심으로써 영양을 공급받았다고 합니다. 이런 이유 때문인지 오늘날 수도원에서 만든 맥주를 보면 몰트 함량이 높은 맥주가 많습니다. 대표적인 수도원 스타일 맥주인 도펠복^{Doppelbock}은 '액체 빵'이라는 별명이 있을 정도로 풍부한 몰트 맛을 느낄 수 있습니다(복 참조).

수도사들의 맥주, 트라피스트 에일

안정된 환경 속에서 오랜 세월 만들어져 온 수도원 맥주는 자연스럽게 고품질 맥주의 상징으로 자리 잡게 되었습니다. 수도원에서 만든 트라피스트 맥주의 인기가 높아지자 수도원과 전혀 관련 없는 다른 양조장들도 이를 흉내 내기 시작합니다. 기독교와 관련이 없는 곳임에도 라벨에 수도사나 십자가를 그려 넣는다거나, 트라피스트라는 명칭을 남용하는 등 수도원의 이미지를 심각하게 훼손했습니다. 수도원 맥주의 상업화를 보다 못한 벨기에의 수도원들이 1994년 국제트라피스트협회 International Trappist Association를 창립합니다. 협회 창립 후 트라피스트라는 이름은 다음과 같은 엄격한 규칙을 지켜야만 붙일 수 있게 되었습니다.

1. 수도원 내에서 수도사들의 관리 하에 양조되어야 한다.
2. 맥주 양조는 수도 생활의 일환일 뿐 수도원의 정책이나 삶보다 우선되어서는 안 된다.
3. 수입은 상업적 이윤 추구가 아닌 수도원 유지와 사회활동을 위한 것이어야 한다.
4. 협회의 감독 아래 흠결 없이 양조되어야 한다.

이 같은 규정을 지키고 협회의 엄격한 심사를 받아야만 트라피스트라는 칭호와 이를 증명하는 육각형 모양의 어센틱 트라피스트 마크 Authentic Trappist Mark를 부여 받을 수 있습니다. 2017년 현재 트라피스트 마크는 벨기에, 네덜란드, 오스트리아, 미국, 이탈리아에 위치한 11곳의 수도원에서만 사용할 수 있습니다.

- 오르발^{Orval} (벨기에)
- 아헬^{Achel} (벨기에)
- 베스트말레^{Westmalle} (벨기에)
- 시메이^{Chimay} (벨기에)
- 로슈포르^{Rochefort} (벨기에)
- 베스트블레테렌^{Westvleteren} (벨기에)
- 라 트라페^{La Trappe} (네덜란드)
- 스티프트 엥겔스첼^{Stift Engelszell} (오스트리아)
- 스펜서^{Spencer} (미국)
- 준데르트^{Zundert} (네덜란드)
- 트레 폰타네^{Tre fontane} (이탈리아)

협회가 생긴 이후로는 엄격한 규제를 받는 수도원만 트라피스트라는 이름을 쓸 수 있게 됐지만, 수도원과 같은 레시피의 맥주를 생산하는 것까지 금지하는 법은 따로 없습니다. 그러므로 트라피스트 양조장을 제외한 일반 상업 양조장에서 만들어내는 '수도원 스타일' 맥주는 애비 에일^{Abbey Ale}이라는 명칭으로 구분했습니다.

트라피스트 에일 VS 애비 에일

'수도사가 만든 맥주'라는 타이틀과 엄격한 심사를 거쳐야만 얻을 수 있는 칭호 덕분에 높은 평가를 받는 트라피스트 맥주. 그리고 상업 양조장에서 만드는 수도원 스타일 맥주 애비 에일. 앞서 언급한 사실 때문에 많은 사람이 "트라피스트가 최고이고 애비 에일은 별로다"라며 둘을 비교하지만 100% 정답은 아닙니다.

맥주에 대한 호불호는 개인의 취향에 따라 얼마든지 달라질 수 있고, 애비 에일 가운데서도 오랜 역사를 자랑하는 훌륭한 품질의 맥주가 많습니다. 대표적인 예로 우리나라에서도 만나볼 수 있는 세인트 버나두스 앱트12 St. Bernardus Abt 12의 경우 웬만한 트라피스트 맥주보다 훌륭하다는 평가를 받습니다.

"라거는 순하고 에일은 쓰다!"라는 선입견을 내려놓을 때 더 넓은 맥주의 세계를 경험할 수 있듯이, 수도원 스타일 맥주를 마실 때도 선입견을 잠시 내려두면 보다 다채로운 맥주 세계를 경험할 수 있으리라 생각합니다.

DUBBEL
두벨

달콤하고 진한 몰트의 맛을 느낄 수 있는 수도원 맥주
스타일 키워드 #검붉은_과일 #진한_몰트 #스파이시

흔히 수도원에서 만들거나, 수도원 레시피를 전수 받아 만드는 맥주를 '수도원 맥주'라고 부릅니다. 알코올 도수에 따라 1, 2, 3, 4의 네덜란드어인 엥켈, 두벨, 트리펠, 쿼드루펠로 구분하는데, 그중 가장 쉽게 만나볼 수 있는 스타일이 두벨입니다.

일반적인 맥주에 비해 다소 높은 6~7.5%의 도수를 가지며 짙은 갈색의 어두운 빛깔을 띱니다. 무화과, 건포도 같은 말린 과일, 캐러멜, 흑설탕 등의 맛과 벨기에 효모 특유의 스파이시한 향을 동시에 느낄 수 있는 것이 특징입니다. 몰트의 단맛과 프루티한 맛이 복합적으로 어우러져 갈비찜이나 스테이크 같은 고기 요리부터 초콜릿 디저트까지 다양한 음식과 궁합을 이룰 수 있는 맥주 스타일이기도 합니다.

시메이 레드 Chimay Red 부터 두벨 스타일을 최초로 만들어낸 베스트말레 두벨 Westmalle Dubbel 등 다양한 종류의 두벨이 있으니 골라 마셔보는 것도 좋습니다.

CHIMAY RED	St. BERNARDUS PRIOR 8	BRUGSE ZOT DUBBEL
시메이 레드	세인트 버나두스 프리오르 8	브뤼흐스 조트 두벨

벨기에 7% / 벨기에 6.7% / 벨기에 7.5%

벨기에 트라피스트 양조장 중 한 곳인 시메이는 스타일 명 대신 색으로 맥주를 구분하는 것이 특징인데, 레드가 두벨에 해당한다. 검붉은 과일, 캐러멜, 설탕 등 몰트의 달콤한 향과 풍미, 깔끔한 끝맛에 자꾸만 손이 가는 맥주다.

상업 양조장에서 만드는 애비 에일이지만 레이트비어 사이트 두벨 부분에서 1위를 차지한 완성도 높은 맥주. 높은 몰트 함량이 가져오는 묵직한 바디감과 몰트, 효모가 만들어내는 복합적인 맛을 느낄 수 있다.

자두, 건포도 등 검붉은 과일 향과 캐러멜 몰트의 단맛이 어우러져 다른 두벨 스타일 맥주에 비해 무겁지 않은 맛이 특징이다. 라벨과 병뚜껑의 광대가 인상적이며 브뤼흐스 조트는 '브뤼헤의 바보'라는 뜻이다.

TRIPEL
트리펠

깔끔하고 화사한 맛의 수도원 맥주
스타일 키워드 #과일향 #황금빛 #스파이시

두벨의 상위 단계인 트리펠은 당연히 더 어둡고 진한 맛을 가질 것 같지만 예상과 달리 아름다운 황금빛과 화사하고 깔끔한 맛을 지니고 있습니다. 평균 9%에 달하는 높은 도수를 가져 황금빛 맥주는 순할 거라는 선입견을 깨 주는 반전 넘치는 스타일입니다.

효모가 만들어내는 레몬, 오렌지 등 과일과 스파이시한 향을 맡을 수 있으며 꿀이나 시럽 같은 단맛 뒤 깔끔하게 떨어지는 끝맛이 특징입니다. 일반적으로 높은 도수를 가지는 맥주는 묵직한 질감을 가지는 데 반해, 트리펠은 설탕을 넣는 방식으로 양조해 상대적으로 가벼운 맛을 가집니다.

베스트말레 수도원에서 처음으로 만들기 시작해 '트리펠의 어머니'라는 별명을 가진 베스트말레 트리펠^{Westmalle Tripel}을 국내 벨기에 맥주 전문점과 보틀숍에서 만나볼 수 있습니다.

BELGIAN DARK STRONG ALE
벨지안 다크 스트롱 에일

한 잔으로도 충분한 수도원 맥주의 정수
스타일 키워드 #건과일 #묵직함 #진한_몰트

검붉은 건과일 맛과 진한 흑설탕, 벨기에 효모의 알싸한 풍미를 입안 가득 느낄 수 있는 벨기에 수도원 맥주의 정수라고 불리는 맥주 스타일입니다. 알코올 도수가 10%에 달하고 몰트 함량이 높아 묵직하기 때문에 여러 잔 마시기 어렵지만, 맥주 마니아 사이에서는 한 잔만으로도 충분한 최고의 맥주라는 평가를 받습니다.

일반적으로 벨지안 다크 스트롱 에일이라고 부르며, 쿼드루펠 Quardrupel이라고 부르기도 합니다. 국내에서 만나볼 수 있는 대표적인 예로는 세인트 버나두스 앱트12 St.Bernadus Abt 12가 있습니다. 커피, 캐러멜, 검붉은 과일, 서양 배 등 높은 몰트 함량과 벨기에 효모가 만들어내는 복합적인 풍미를 입안 가득 느낄 수 있는 맥주로, 달콤하고 부드러워 높은 도수임에도 편안하게 마실 수 있습니다.

벨지안 다크 스트롱 에일처럼 높은 도수의 맥주는 시간이 지날수록 맛이 부드러워지는 보틀 컨디셔닝 Bottle Conditioning을 겪는데, 미리 구입해 숙성시킨 맥주와 새로 구입한 맥주를 비교해 가며 마실 것을 추천합니다.

✱ 탐구 플러스

세인트 버나두스 시리즈의 경우 수도사가 맥주를 들고 있는데 1,000병에 1병 꼴로 수도사가 윙크를 하고 있는 라벨이 붙어 있다고 합니다.

다크 DARK

BOCK
복

라거의 선입견을 깨는 풍미 가득한 맥주
스타일 키워드 #묵직한_라거 #캐러멜 #몰트

라거 맥주는 순하고 밍밍하다는 선입견을 단박에 깨 주는 대표적인 스타일입니다. 캐러멜, 건자두와 같은 검붉은 과일의 맛과 진한 바디감을 느낄 수 있는 이 맥주는 과거 수도원에서 '액체 빵'이라고 부르며 금식 기간에 식사 대용으로 마셨을 정도로 풍부한 몰트의 맛을 느낄 수 있습니다. 도수에 따라 복(6.3%), 도펠복(7~10%), 아이스복(9~14%)으로 구분됩니다.

복 스타일 맥주를 찾는 가장 쉬운 방법은 라벨에서 염소를 찾는 것입니다. 독일어로 복은 '숫염소'라는 뜻을 가지고 있어 라벨에 염소가 그려져 있는 경우가 무척 많습니다. 라벨만 봐도 복 스타일을 알 수 있는 아잉거 셀레브레이터 도펠복 Ayinger Celebrator Doppelbock은 미국을 대표하는 맥주 평가 사이트 레이트비어 도펠복 분야에서 몇 년째 1위를 고수하고 있는 맥주입니다. 토스트, 구운 곡물 향과 캐러멜, 다크 초콜릿, 흑설탕 같은 풍미를 느낄 수 있는 이 맥주는 병목에 귀여운 염소 조각까지 달려있으니 만난다면 절대 놓치지 마세요!

> ✱ **탐구 플러스**
>
> 복이라는 이름이 붙으면 대체로 어두운 빛깔을 띠지만, 봄 시즌에 출시되는 맥주인 마이복 Maibock, 헬레스복 Hellesbock 스타일은 호박색을 가집니다.

| WEIHENSTEPHANER KORBINIAN | PAULANER SALVATOR | GORDON BIERSCH BLONDE BOCK |

WEIHENSTEPHANER
KORBINIAN

바이엔슈테판
코르비니안

독일 7.4%

밀맥주로 유명한 바이엔슈테판이지만, 코르비니안 같은 도펠복 스타일의 맥주도 양조한다. 무화과, 건포도 같은 검붉은 과일의 향과 흑설탕, 과일 잼 같은 달콤한 풍미를 입안 가득 느낄 수 있다.

PAULANER
SALVATOR

파울라너
살바토르

독일 7.9%

검붉은 외관과 연한 갈색의 거품이 매력적인 파울라너 살바토르는 도펠복 스타일의 원조 격이다. 한 모금 마시면 알코올 도수에 맞는 훈훈함이 있으며, 검붉은 과일과 비스킷 같은 몰트의 고소함과 달콤함을 느낄 수 있다.

GORDON BIERSCH
BLONDE BOCK

고든 비어쉬
블론드 복

미국 7%

국내에서 쉽게 보기 어려운 밝은 빛깔의 헬레스복 맥주. 꿀, 시럽, 빵 같은 고소하면서도 달콤한 몰트의 풍미와 할러타우 홉에서 비롯된 스파이시한 특징을 느낄 수 있다.

EISBOCK
아이스복

우연 속에서 발견한, 가장 강력한 라거 맥주
스타일 키워드 #검붉은_과일 #묵직함 #높은_도수

어느 추운 겨울, 한 양조업자가 바깥에 뒀던 맥주 표면이 얼어붙어 있는 것을 발견합니다. 아쉬운 마음에 남은 맥주라도 건지고자 표면 위의 얼음을 건져냈는데, 맥주가 더 진하고 맛있었습니다. 이것이 바로 아이스복 스타일의 기원입니다.

맥주를 차갑게 해 표면 위의 얼음(물)을 건져냄으로써 맥주 내 알코올 농도를 높이는 방식으로 양조해 아이스(Eis=얼음)복이라는 이름이 붙었습니다. 국내에서는 구하기가 쉽지 않은데, 밀맥주만을 전문적으로 양조하는 슈나이더의 바이젠 아이스복 Schneider Weizen Eisbock 을 통해 만나볼 수 있습니다.

DUNKEL
둥켈

달콤하고 고소한 독일식 흑맥주
스타일 키워드 #몰티 #라거 #고소함

독일식 흑맥주는 둥켈과 슈바르츠비어로 나뉩니다. 뮌헨을 대표하는 흑맥주인 둥켈은 독일어로 '어두운'이라는 뜻이며, 이름처럼 갈색을 띤 맥주입니다. 초콜릿, 견과류, 빵 같은 몰트의 달콤한 풍미를 느낄 수 있습니다. 도수도 낮고 바디감 역시 무겁지 않아 씁쓸한 흑맥주가 부담스러웠던 사람이 선택하면 좋을 스타일입니다. 둥켈 단어 자체는 맥주 스타일의 앞이나 뒤에 붙어 어두운 색깔을 띠고 있음을 알려주기도 합니다.

국내에서 기네스와 더불어 가장 쉽게 만나볼 수 있는 흑맥주, 코젤 다크 Kozel Dark가 대표적인 둥켈 맥주입니다. 코젤 다크는 체코에서 만든 둥켈 맥주로 순하고 부드러워 많은 사랑을 받고 있습니다. 코젤 다크를 맛있게 마셨다면, 쾨니히 루드비히 둥켈König Ludwig Dunkel 등 다른 둥켈 맥주도 만나보세요.

SCHWARZBIER
슈바르츠비어

괴테가 사랑했던 독일의 흑맥주
스타일 키워드 #밸런스 #깔끔함 #초콜릿

'검은 맥주'라는 뜻을 가진 슈바르츠비어는 검게 태운 보리의 함량이 높아 둥켈보다 짙은 검은빛을 띠며 커피, 다크 초콜릿, 홉의 쌉쌀한 맛이 조화를 이루는 깔끔한 맛의 흑맥주입니다. 둥켈 맥주에 비해 단맛이 적고 특유의 쌉쌀한 맛 때문에 '블랙 필스너 Black Pilsner'라는 별명이 붙었습니다.

슈바르츠비어를 대표하는 맥주로 쾨스트리쳐 슈바르츠비어 Köstrizer Schwarzbier 가 있습니다. 오랜 역사를 자랑하는 슈바르츠비어 맥주로, 아일랜드에 기네스가 있다면 독일엔 쾨스트리쳐가 있다고 얘기할 정도로 독일 흑맥주를 대표합니다. 대문호 괴테가 이 맥주를 무척 사랑해 자신을 라벨에 그려 판매할 수 있도록 허락했다는 재미있는 일화도 있습니다.

PORTER
포터

한때 영국을 주름잡았던 전통 흑맥주
스타일 키워드 #캐러멜 #초콜릿 #영국식_에일

영국의 노동자들에게 사랑 받아 짐꾼^{Porter}이라는 이름이 붙은 맥주로, 한때 영국을 주름잡던 맥주 스타일입니다. 후에 등장한 페일 에일과 스타우트가 유행하면서 하마터면 역사 속으로 사라질 뻔했으나, 미국의 크래프트 양조업자 덕분에 다양한 버전으로 재해석되어 출시되고 있습니다.

일반적으로 스타우트에 비해 검게 태운 보리 함량이 낮아 쓴맛이 적고 캐러멜, 코코아 등 몰트의 단맛을 느낄 수 있는 것이 포터의 특징입니다. 미국으로 넘어간 여느 스타일과 마찬가지로, 아메리칸 포터에서는 홉과 몰트가 추가된 진한 맛을 느낄 수 있습니다.

DRY STOUT
드라이 스타우트

흑맥주를 대표하는 스타일
스타일 키워드 #커피 #구운_보리향 #부드러움

검게 태운 보리가 들어가 쌉싸래한 커피, 다크초콜릿, 구운 보리의 향을 느낄 수 있는 맥주입니다. 스타우트의 기본형과 같은 맥주로, 스타우트 앞에 오트밀, 밀크, 스위트, 임페리얼 등의 문구가 붙어 있지 않다면 드라이 스타우트라고 보면 됩니다. 크림처럼 부드러운 거품이 매력적인 기네스 드래프트 Guinness Draught는 드라이 스타우트의 대명사 같은 맥주입니다.

영국에서 유행했던 흑맥주인 포터 맥주에 맛과 도수를 강화해 만들어낸 '스타우트 포터'가 이 스타일의 기원입니다. 포터보다 강렬한 맛 덕분에 인기가 올라 '스타우트'라는 독립적인 이름을 가지게 되었지만, 오늘날 포터와 스타우트는 많은 공통점을 가져 칼로 물을 베듯이 딱 잘라 구분하기 어려워진 상황입니다. 특유의 커피, 초콜릿 향미 덕분에 여러 가지 향신료나 부재료를 넣기도 하는데 이에 따라 세부 스타일이 구분됩니다.

OATMEAL STOUT
오트밀 스타우트

묵직하고 고소한 맛 가득한 스타우트
스타일 키워드 #부드러움 #오트밀 #구운_곡물_향

스타우트에 풍성한 질감을 불어넣기 위해 지방과 단백질이 풍부한 오트밀(귀리)을 넣은 맥주를 오트밀 스타우트라고 부릅니다. 본래 스타우트가 가지는 특징인 초콜릿, 커피의 풍미에 오트밀 특유의 고소함과 크리미한 질감이 더해져, 스타우트 애호가들의 많은 사랑을 받는 맥주 스타일입니다.

2020년, 국내에서 맛볼 수 있는 오트밀 스타우트로 영국 브루어리 사무엘 스미스의 대표작, 사무엘 스미스 오트밀 스타우트 Samuel Smith Oatmeal Stout가 있습니다. 한 모금 마시면 입 안을 기분 좋게 감싸는 크리미한 질감과 커피, 초콜렛, 고소한 오트밀, 몰트의 단맛이 어우러진 풍미를 차례로 느낄 수 있습니다. 미국의 오트밀 스타우트처럼 개성이 강하진 않지만, 그렇기 때문에 여러 잔 마실 수 있는 훌륭한 밸런스의 맥주입니다. 클래식한 오트밀 스타우트가 궁금하신 분이라면 꼭! 드셔보세요. 아참. 너무 차가울 때보다 상온에 20~30분 두었다가 마셨을 때 더 맛있습니다.

MILK/ SWEET STOUT
밀크/스위트 스타우트

달콤하고 부드러운 디저트 맥주
스타일 키워드 #묵직함 #부드러움 #달콤함

이름만 들어도 달콤한 이 스타일은 맥주에 부드러운 질감과 단맛을 부여하는 유당^{Lactose}을 넣은 스타우트를 의미합니다. 에스프레소에 약간의 크림을 넣으면 부드럽게 마실 수 있는 것처럼 진한 흑맥주에 유당이 들어가면 부드러운 질감과 초콜릿, 커피 향, 단맛을 느낄 수 있어 마치 한 잔의 디저트를 마시는 것 같은 느낌을 선사합니다. 여러 크래프트 맥주 양조장의 실험정신 덕분에 초콜릿, 원두, 바닐라 빈, 짜이티 등 다양한 향신료를 넣은 재미있는 밀크 스타우트를 만나볼 수 있습니다.

국내에서 만나볼 수 있는 밀크 스타우트로 맥주 잘 만들기로 유명한 미국 벨칭비버 브루어리의 히트작, 피넛 버터 밀크 스타우트^{Peanutbutter Milk Stout}가 있습니다. 맥주에 땅콩버터라니, 느끼하지 않을까? 생각할 수 있지만 스타우트 특유의 캐릭터에 고소한 땅콩 버터가 기대 이상으로 잘 어울립니다. 단맛도 적절하고, 느끼함도 없어 배부를 때 안주 없이 마셔도 심심하지 않은 맥주랍니다.

BEER ESSAY 07

나만의 응급키트,
스타우트 맥주와 초콜릿

정말 힘든 하루를 보냈다거나 스트레스가 가득 쌓였을 때, 어떻게 하나요? 주변 사람들에게 같은 질문을 건네면 긴 시간 동안 잠을 잔다거나 술을 진탕 마시기, 운동하기 등 다들 각자만의 대처법이 있더라고요. 저도 평소 궁금했던 음식점에 가서 돈 걱정 없이 음식을 먹거나 친구와 술을 잔뜩 마시는 등 여러 대처법이 있습니다. 그런데 가끔 정말 몸과 마음이 지치면 누군가를 만나기도 귀찮고 배가 부르는 기분마저 싫을 때가 종종 생기기더라고요. 그런 날이 올 때를 대비해 냉장고에 저만의 '응급키트'를 준비해 둡니다. 뭔가 설명이 거창하지만 키트의 구성품은 진한 스타우트 맥주와 초콜릿 아이스크림, 딱 두 가지입니다.

다른 흑맥주도 괜찮지만, 개인적으로 선호하는 스타우트 맥주는 두 가지입니다. 알코올 도수 9%를 자랑하는 올드 라스푸틴과 발로나 초콜릿과 바닷소금이 들어간 와일드비어의 밀리어네어가 주인공이죠. 올드 라스푸틴은 다른 맥주들에 비해 도수가 높은데 아이스크림과 함께하면 맥주 특유의 씁쓸함과 단맛이 섞여 도수가 몇 도인지, 힘든 일이 뭐였는지 기억도 안 날 정도로 술술 넘어가요. 와일드비어의 밀리어네어는 바닷소금이 들어가서 아이스크림과 함께 먹으면 일명 '단짠단짠'의 재미를 느낄 수 있죠. 덕분에 한 모금만으로도 순식간에 행복해지곤 합니다.

두 종류 모두 맥주만으로도 훌륭하지만 초콜릿 아이스크림과 함께할 때 더 완벽한 궁합을 자랑하니, 울적한 날 꼭 한 번 시도해보세요. 냉장고에 미리 챙겨두는 것만으로도 기분이 좋아지는 것을 느낄 수도 있습니다. 냉장고 속 두 친구만 떠올리면 웬만한 일로는 눈썹 한 올 안 움직일 만큼 마음이 든든해지기도 합니다.

IMPERIAL STOUT
임페리얼 스타우트

묵직하고 달콤쌉쌀한 흑맥주의 제왕
스타일 키워드 #묵직함 #진한_몰트 #쌉쌀함

추운 겨울, 단 한 잔의 맥주를 마실 수 있다면 이 맥주가 떠오르지 않을까요? 칠흑같이 검은 빛깔과 갈색의 거품. 외관만으로도 진한 맛이 느껴지는 이 맥주는 수많은 흑맥주 스타일 중 가장 강력한 맛을 자랑합니다. 검은 몰트가 만들어내는 에스프레소, 다크초콜릿, 건포도의 풍미와 입안을 꽉 채우는 걸쭉한 질감을 느낄 수 있는 임페리얼 스타우트는 벨지안 다크 스트롱 에일과 더불어 한 잔만으로도 만족감을 느낄 수 있는 맥주의 결정체와 같은 스타일입니다.

스타우트 뒤에 임페리얼이라는 단어가 붙은 것도 재미있는 역사적 일화가 있습니다. 추운 러시아 지방에 맥주를 수출할 때 얼지 않도록 도수를 높이고 홉을 잔뜩 넣어 수출했는데, 품질이 좋아 러시아 왕실에서 즐겨 마셔 임페리얼Imperial이 붙었다고 합니다. 이런 역사적 사실이 라벨에서부터 느껴지는 맥주로 노스 코스트 올드 라스푸틴North Coast Old Rasputin이 있습니다. 제정 러시아 마지막 왕조를 파탄으로 이끈 성직자 라스푸틴의 이름을 따왔으며, 임페리얼 스타우트의 정석과도 같은 맥주라고 평가받습니다.

> ✖ **탐구 플러스**
>
> 임페리얼 필스너, 임페리얼 스타우트 등 맥주에 붙은 임페리얼Imperial은 '도수와 맛을 강화한'의 뜻으로 쓰입니다.

OMNIPOLLO NOA
PECAN MUD CAKE
옴니폴로 노아
피칸 머드 케이크

SAMUEL SMITHS
IMPERIAL STOUT
사무엘 스미스
임페리얼 스타우트

ALE SMITH
SPEEDWAY STOUT
에일 스미스
스피드 웨이 스타우트

스웨덴 11%

초콜릿, 바닐라, 캐러멜 향 덕분에 한 조각의 진한 초콜릿 케이크를 마시는 기분이 드는 맥주다. 초콜릿 아이스크림이나 브라우니를 함께 곁들여도 맛있다. 훌륭한 맛만큼이나 귀여운 라벨 덕분에 인기가 높다.

영국 7.0%

클래식한 맥주를 잘 만드는 것으로 유명한 사무엘 스미스의 임페리얼 스타우트. 스타우트에서 기대할 수 있는 모든 캐릭터를 완벽하게 느낄 수 있는 맥주이다. 임페리얼 스타우트치고 도수도 편안해, 박스채 사둔 채 겨울 내내 마셔도 좋을 것 같은 술.

미국 12%

에일스미스 양조장의 대표작. 커피가 들어간 스타우트로 향을 맡으면 강배전한 커피의 강렬한 향과 풍미가 느껴진다. 알코올 도수가 12%가 넘고, IBU가 70이 넘지만, 완성도가 높아 이 같은 특징이 거의 두드러지지 않는 것이 신기할 정도로 맛이 훌륭하다.

BARREL AGED STOUT
배럴 에이지드 스타우트

위스키를 숙성시켰던 나무 통에 맥주를 숙성시킨다면?
스타일 키워드 #위스키향_맥주 #비싼_맥주

도전 정신 넘치는 미국의 양조업자들은 기존의 맥주 레시피를 이리저리 뜯어보는 것에 그치지 않고 새로운 아이디어를 내놓았습니다. 1992년 미국의 양조장인 구스 아일랜드는 아메리칸 버번 위스키 짐 빔을 숙성시킨 오크 통에 스타우트를 넣어 최초의 오크 통 숙성 맥주인 버번 카운티 스타우트Bourbon County Stout를 만들었습니다. 기존 맥주 스타일이 아니라는 이유로 맥주 축제(GABF)에서 실격을 받았던 때도 있지만, 이제는 수많은 맥주 마니아에게 큰 사랑을 받으며 하나의 스타일로 인정받고 있습니다.

오늘날 많은 크래프트 양조장이 위스키, 와인, 럼, 코냑, 셰리주 등의 술을 숙성시킨 나무 통에 맥주를 양조합니다. 주로 알코올 도수가 높은 맥주에 쓰이는 양조 방식으로 기존 맥주가 가진 고유의 매력과 이전에 숙성시켰던 술, 배럴의 특징이 더해져 복합적인 매력을 느낄 수 있습니다.

배럴 숙성 맥주의 대표 주자로는 파운더스 사의 KBS Kentucky Breakfast Stout가 있습니다. 버번 위스키를 숙성시켰던 오크 통에 초콜릿, 커피를 넣어 만든 스타우트를 담아 동굴 속에서 1년 동안 숙성시킨 맥주로, 배럴 숙성 맥주 애호가들의 엄청난 사랑을 받고 있는 임페리얼 스타우트입니다.

BEER ESSAY 08

월동 맥주

"맥주는 차갑게 마셔야 제맛이지!"라는 인식 탓일까요? 날이 추워지기 시작하면 다른 술에 비해 상대적으로 맥주를 덜 찾게 됩니다. 하지만 세계에서 가장 오래된 술이자 100여 종의 다양한 스타일을 가지는 맥주답게 추운 날씨에 어울리는 매력적인 맥주가 많습니다. 상온의 온도로 마셔야 맛있기 때문에 부담도 적고요.

추운 날씨에 얼어붙은 몸을 따뜻하게 덥혀 주는 높은 도수와 입안을 묵직하게 채워 주는 몰트의 풍부한 맛, 얼어붙은 코를 부드럽게 열어 줄 훈훈한 향까지 갖추고 추운 겨울을 기다리게 만들어 주는 대표적인 월동 맥주 스타일을 기억해 두세요.

- 임페리얼 스타우트
- 바이젠복
- 아이스복
- 도펠복
- 스카치 에일
- 벨지안 다크 스트롱 에일

사워 에일 SOUR ALE

LAMBIC-GUEUZE
람빅-괴즈

가장 오래된 방식으로 만든 맥주
스타일 키워드 #신맛 #쿰쿰함 #자연발효

한 모금 넘기면 밀어닥치는 나무, 건초, 가죽을 떠올리게 하는 쿰쿰한 향과 시큼한 맛에 자신도 모르게 인상을 찌푸리며 "이게 맥주야?"라는 말이 절로 나오는 맥주 람빅. 일반 맥주와 달리 공기 중에 떠다니는 자연 그대로의 효모를 사용해 만드는, 가장 오래된 방식의 양조법으로 제조되는 맥주입니다. 맥주를 발효시키는 과정에서 젖산균과 브렛 효모가 들어가 시큼한 맛과 복잡미묘한 향을 가지게 되는데, 이 특이한 맛 때문에 호불호가 분명하지만 묘한 매력을 가지고 있어 마니아가 많습니다.

아무것도 섞지 않은 람빅 원액Straight Lambic은 맛이 너무 강렬해서 거의 판매되지 않고, 여러 가지 방식으로 순화해 상품화됩니다. 가장 쉽게 구할 수 있는 괴즈Gueuze는 3년 이하의 오래된 람빅과 6개월 정도 숙성시킨 신선한 람빅을 섞어 만든 맥주입니다. 코를 찌르는 듯한 시큼한 향과 젖은 가죽, 흙, 나무 등이 섞인 복합적인 향과 혀가 조여 올 정도의 신맛이 특징입니다. 국내에서는 벨기에를 대표하는 람빅 전문 브루어리인 칸티용의 괴즈 맥주를 만나볼 수 있습니다.

> ✱ **탐구 플러스**
>
> 람빅은 벨기에의 특정 지역에서 만들어야만 '람빅'이라는 스타일명을 붙일 수 있습니다.

LAMBIC-KRIEK
람빅-크릭

체리를 넣어 음용성을 살린 람빅
스타일 키워드 #체리 #신맛 #자연발효

서로 다른 연도의 람빅을 섞어 만든 괴즈와 마찬가지로, 음용성을 높이기 위해 람빅 맥주에 체리를 넣어 숙성시킨 맥주를 크릭이라고 부릅니다. 람빅 원액을 체리와 함께 발효시켜 원액의 강렬함을 중화시키고, 새콤한 체리 향과 람빅만의 복합적인 신맛을 함께 느낄 수 있습니다.

붉은 빛깔을 띠는 외관을 보면 체리 주스의 상큼한 맛을 예상하지만, 발효 과정에서 체리의 단맛이 사라져 오히려 단맛보다 신맛이 두드러지는 맥주입니다. 전통 레시피의 크릭은 호불호가 분명한 타입이라 구하기도 어렵습니다.

대표적인 크릭 스타일 오드 비어셀 오드 크릭 Oud Beersel Oude Kriek은 체리, 식초와 같은 향, 강한 신맛과 함께 오래된 가죽을 연상시키는 쿰쿰함, 과일의 떫은 맛 등을 복합적으로 느낄 수 있는 맥주입니다.

SWEET/FRUITS LAMBIC
스위트/프루츠 람빅

달콤하고 상큼한 입문용 람빅
스타일 키워드 #달콤함 #식전주 #디저트

특유의 시큼하고 쿰쿰한 맛 덕분에 호불호가 분명한 맥주 람빅. 벨기에의 람빅 양조업자들은 자신들의 맥주가 보다 많은 대중에게 다가갈 수 있도록 설탕, 복숭아, 라즈베리 등의 달콤한 부재료를 섞은 맥주를 내놓게 됩니다.

스위트/프루츠 람빅은 과일 주스인가 싶을 정도로 새콤달콤한 맛에 신맛이 악센트처럼 더해져 식전주나 디저트로 알맞은 맥주입니다. 맥주 전문점이나 보틀숍 등에 방문해야만 구할 수 있는 오리지널 괴즈나 크릭과는 달리 팀머만스^{Timmermans}, 세인트루이스^{St. Louis}, 린데만스^{Lindemans} 등 다양한 브랜드의 스위트/프루츠 람빅이 수입되고 있으니, 자연 발효 맥주인 람빅에 입문하고 싶은 사람에게 추천합니다.

> **✱ 탐구 플러스**
>
> 스위트/프루츠 람빅은 어떤 부재료를 넣느냐에 따라 스타일명이 바뀝니다. 설탕을 넣은 람빅은 Faro, 복숭아를 넣은 람빅은 Pêche, 블랙 커런트가 들어간 람빅은 Casis입니다.

BEER ESSAY 09

"맥주에서 신맛이 난다고?"

처음 맥주에서 신맛이 난다는 얘기를 들었을 때 고개를 갸우뚱했습니다. '맥주에 신맛이 나면, 그게 과연 맥주일까?'라는 생각을 안 할 수 없었지요. 새로운 맥주가 나오면 조건반사처럼 손이 나가는 저에게도 사워 에일은 낯설고 어려운 경험이었습니다. 구하기도 어려울 뿐만 아니라 맛도 낯설었던 사워 에일이었지만, 최근에는 크래프트 맥주 시장에서 가장 뜨거운 맥주가 되었습니다. 이태원에는 사워 에일만 파는 펍이 생기고, 국내 유명 크래프트 맥주 브루어리 '핸드 앤 몰츠 Hand and Malts'에서는 김치의 유산균이 함유된 K-Weisse라는 맥주를 만들기도 했습니다. '사워 에일은 별로야'라고 생각했던 저 역시 지금은 없어서 못 먹는 맥주가 되었죠.

'신맛'이라고 해서 맥주와 어울리지 않을 거라 생각하기 쉽지만, 사워 에일은 종류별로 무척 다양한 맛을 가집니다. 입맛을 돋우는 가벼운 상큼함부터, 신선한 과일즙을 마시는 것 같은 새콤함, 식초를 연상시키는 혀를 조이는 시큼함까지. 이렇게 다양한 신맛이 맥주 본연의 풍미와 어우러져 재미를 선사하지요.

매번 라거 맥주만 마시다가 처음 IPA를 마시면, 너무 써서 "IPA는 별로야!"라는 선입견을 가지는 모습을 많이 봤습니다. 그렇기에 사워 에일을 경험할 때도 단박에 람빅 맥주를 마시는 것보다 스위트/프루츠 람빅 스타일로 입문을 한 뒤 차근차근 다른 스타일을 도전해 보는 방법을 추천합니다. 무엇을 상상하든 그 이상을 느끼게 해 주며 동시에 맥주의 세계를 확장시켜 줄 사워 에일 스타일. 기회가 된다면 꼭 한 번 도전해 보세요!

GOSE
고제

시큼짭짤한 맛의 전통 독일 맥주
스타일 키워드 #신맛 #짠맛 #코리앤더

독일의 지역 맥주 중 하나인 고제는 소금과 코리앤더 Coriander 가 들어가서 새콤하고 짭짤한 맛을 느낄 수 있는 맥주입니다. 코리앤더가 들어가는 벨기에 맥주를 드셔보신 분이라면, 이게 특이한 것인가? 라고 생각할 수 있겠지만, 맥주 순수령(52쪽)의 나라인 독일이기에 더욱 희소하게 느껴지는 맥주입니다. 현재 독일에서는 극소수의 양조장에서만 만들고 있습니다만, 아이러니하게도 다른 나라의 크래프트 맥주 양조장에서는 꽤 쉽게 발견할 수 있는 맥주 스타일입니다.

에스토니아의 크래프트 양조장 뽀할라에서 생산하는 맥주, 오렌지 고제 Orange Gose 는 오렌지 껍질과 히말라야 소금, 코리앤더가 들어간 맥주입니다. 한정판으로 출시했으나 인기가 높아 연중 생산으로 바뀐 제품으로 오렌지의 싱그러운 향과 입맛을 돋우는 상큼한 신맛, 청량한 탄산감이 훌륭한 맥주입니다. 소금이 들어간 맥주가 궁금하신 분, 지금까지 경험해보지 못한 맥주를 맛보고 싶은 분이라면 라벨에서 고제를 찾아보세요!

> **✱ 탐구 플러스**
> 오늘날에는 소금이 들어가는 고제 맥주지만, 과거에는 염분과 미네랄이 풍부한 현지의 물을 이용해 만들었다고 합니다.

FLANDERS RED ALE
플랜더스 레드 에일

한 잔의 와인과도 같은 맥주
스타일 키워드 #와인_같은_맥주 #과일향 #신맛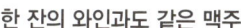

아무런 정보 없이 마신다면 "아니, 이거 와인 아닌가?"라는 말이 절로 나올 만한 맛을 가진 맥주입니다. 맥주의 주재료인 몰트나 홉, 효모의 느낌보다 새콤한 신맛이 두드러지며 체리, 라즈베리, 사과 등 과일 향과 새콤한 맛, 단맛이 복합적으로 어우러진 것이 특징입니다. 람빅처럼 오래 묵힌 맥주와 만든 지 얼마 안 된 맥주를 섞는 방식으로 만들어내는 벨기에 대표 사워 에일 중 하나입니다.

듀체스 드 부르고뉴Duchesse De Bourgogne는 플랜더스 레드 에일의 대표로 '부르고뉴의 여공작'이라는 뜻을 가진 맥주입니다. 체리를 연상시키는 새콤한 과일 향을 맡을 수 있으며 와인과 같은 산미를 베이스로 바닐라, 오크, 빵 등의 복합적인 풍미를 느낄 수 있습니다.

SOUR/WILD ALE
사워/와일드 에일

복잡하고도 오묘한 맛을 가진 맥주
스타일 키워드 #야생효모 #신맛 #복잡함

벨기에나 유럽의 오래된 맥주를 탐구하던 미국의 크래프트 양조장은 맥주의 신맛이나 오래된 헛간, 가죽 등을 연상시키는 쿰쿰한 풍미의 정체가 '젖산균'과 '브렛 효모 Brettanomyces'에서 온다는 것을 알아냈습니다. 과거에는 맥주에서 절대 환영받지 못했던 이 풍미들은 최근 크래프트 맥주 업계에서 가장 뜨거운 사랑을 받고 있습니다. 수많은 크래프트 양조장이 젖산균과 브렛 효모를 사용해 사워 에일과 와일드 에일을 경쟁적으로 생산하고 있고, 국내 역시 시큼한 맥주만 판매하는 펍이 생겨날 정도입니다.

젖산균과 브렛 효모는 다양한 맥주 스타일에 넣을 수 있습니다. IPA 맥주에 젖산균을 넣으면 신맛의 IPA가, 세종 맥주에 브렛 효모를 넣으면 보다 쿰쿰한 맛이 강조된 세종 맥주가 완성되는 것이죠. 맥주 라벨에 Sour가 붙어있다면 사워 에일 맥주, Wild 또는 Brett이라고 적혀 있다면 쿰쿰하고 복합적인 풍미가 강조된 맥주라고 보면 됩니다.

다양한 과일을 활용해 맥주를 만드는 린드하임의 아발론 플럼 와일드 에일 Avalon Plum Wild Ale을 추천합니다. 아발론 품종의 자두를 넣어 오크통에 2차 숙성해 만드는 이 맥주는, 껍질부터 씨앗까지 자두가 가진 모든 엑기스를 맥주 한 병에 담아낸 것 같은 다채롭고 화려한 신맛을 느낄 수 있습니다.

| SULEIM | TO ØL SUR SORACHI ACE SOUR BRETT IPA | FIRESTONE WALKER FERAL VINEFERRA |

설레임

투올 서 소라치 에이스 사워 브렛 IPA

파이어스톤 워커 페랄 비니페라

대한민국 5.5%

덴마크 6%

미국 9.8%

부산의 양조장 와일드 웨이브에서 만드는 사워 에일. 부가물을 적극 활용하는 다른 사워에일과 달리 물, 홉, 효모, 몰트 만을 이용해 만든 맥주이다. 화이트 와인을 연상시키는 상큼하고 밝은 산미가 인상적. 2020 대한민국 주류대상을 수상한 맥주이다.

레몬 그라스 향이 나는 홉 소라치 에이스가 들어간 IPA에 신맛과 브렛 캐릭터를 모두 담은 모두 담은 맥주. 입맛을 돋우는 신맛과 브렛의 쿰쿰함, 소라치 에이스 특유의 향이 잘 어우러져 매력적인 풍미를 만들어낸다.

배럴의 명가, 파이어스톤 워커의 와일드 에일. 포도 농장의 협업으로 세 종류의 화이트 와인 포도를 블렌딩해 만든다. 쿰쿰하고 펑키한 향과 달콤하고 진한 포도 주스 향이 강렬하다. 새콤하게 톡 쏘는 맛에 중독성이 강해 돌아서면 다시 생각나는 매력적인 맛이다.

PART 3

심화
탐구

column 01

맥주 취향 찾아보기

다양한 맥주 스타일을 한눈에 들여다보며 비교하고 싶은 사람을 위해 여러 가지 기준으로 정리한 맥주 스타일을 소개합니다.

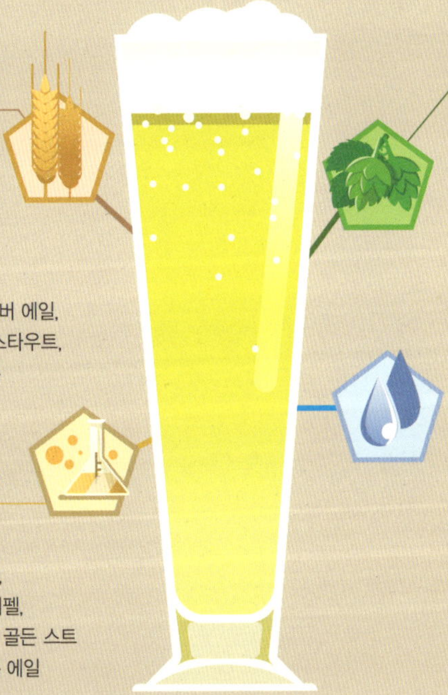

몰트 성향이 강한 맥주

라거

헬레스, 둥켈, 슈바르츠비어, 메르첸/옥토버페스트비어

에일

둥켈바이젠, 브라운 에일, 앰버 에일, 스카치 에일, 두벨, 포터, 스타우트, 벨지안 다크 스트롱 에일, 복

효모 성향이 강한 맥주

에일

헤페바이젠, 크리스탈바이젠, 바이젠복, 윗비어, 세종, 트리펠, 벨지안 블론드 에일, 벨지안 골든 스트롱 에일, 벨지안 다크 스트롱 에일

홉 성향이 강한 맥주

라거

필스너

에일

아메리칸 페일 에일, 잉글리시 IPA, 아메리칸 IPA, 더블 IPA, 세션 IPA

COLOR: 맥주의 색을 표현하는 지수인 SRM을 기준으로 정리한 맥주 스타일입니다. SRM은 Standard Reference Method의 줄임말로 밝은 색일수록 수치가 낮고, 어두운 색일수록 높은 수치를 가집니다.

필스너, 페일 라거, 라이트 라거, 헬/헬레스, 헤페바이젠, 크리스탈바이젠, 윗비어, 크림 에일, 베를리너 바이세

쾰쉬, 세종, 벨지안 블론드 에일, 트리펠, 골든/블론드 에일, 괴즈, 벨지안 골든 스트롱 에일,

메르첸/옥토버페스트비어, 페일 에일, 인디아 페일 에일, 세션 IPA, 더블 IPA, 벨지안 IPA

둥켈바이젠, 브라운 에일, 앰버 에일, 플랜더스 레드 에일

바이젠복, 스카치 에일, 두벨, 벨지안 다크 스트롱 에일, 도펠복, 둥켈

슈바르츠비어, 스타우트, 포터

column 02

맥주를 어디서 살까

이 책에 담긴 수많은 맥주를 보고 많은 사람이 "다 좋은데, 도대체 이 맥주는 어디서 파나요?"라는 질문을 할 것 같습니다. 전 세계의 유명한 맥주가 다양하게 수입되고 있지만, 아직까지 편의점이나 마트는 대부분 대중적인 맥주 위주로 꾸려진 것을 볼 수 있습니다.

가장 쉽게 폭넓은 종류의 맥주를 즐기고 싶다면 대형 마트의 주류 코너가 유용합니다. 단 대형 마트별로 갖추고 있는 맥주가 다르니 비교해 봐야 합니다. 아쉬운 점이라면 마트의 각 지점마다 보유한 맥주 종류의 편차가 크고, 맥주를 고를 때 추천을 받기 어렵다는 것입니다.

이런 아쉬운 점을 보완해 보다 다양한 맥주를 접하고 싶고, 취향에 따른 추천까지 받고 싶다면 보틀숍을 추천합니다. 유통 규모 탓에 대형 마트보다 가격이 조금 높지만, 다양한 스타일의 맥주와 새로 수입되는 맥주를 빠르게 만나볼 수 있습니다. 보틀숍을 운영하는 사람은 대부분 맥주에 대한 열정이 남다르기 때문에 궁금한 점을 물어보거나 새로운 맥주를 추천 받기에도 좋습니다. 더불어 자체 행사를 통해 코스터, 키링 등 다양한 맥주 액세서리와 전용 잔을 만나볼 수 있다는 점도 보틀숍의 매력 중 하나입니다. SNS의 발달로 많은 보틀숍이 인스타그램이나 페이스북을 운영하고 있으니, 가까운 보틀숍을 검색해 보고 미리 관심이 가는 맥주가 있는지를 확인한 후 방문하는 것이 좋습니다.

column 03

구매하기 전 체크포인트

POINT 1. 캔맥주가 맛있나, 병맥주가 맛있나?

맥주를 좋아하는 사람 사이에서 영원히 풀리지 않는 주제가 아닐까 싶습니다. 캔맥주는 알루미늄과 맥주가 만나 만들어내는 쇠맛 때문에 수많은 장점(가벼운 무게, 냉각 속도, 빛 차단 등)을 가졌음에도 소비자에게 외면 받곤 했습니다. 하지만 알루미늄과 맥주의 접촉을 막아 주는 코팅 기술인 라이닝^{Lining}이 발달한 이후 캔맥주는 순식간에 단점을 극복하게 되었습니다. 오늘날 사무엘 아담스, 시에라 네바다 등 수많은 크래프트 양조장 역시 자사의 병맥주를 캔으로 전환하고 있는 추세입니다.

POINT 2. 왜 맥주병은 갈색일까?

맥주를 유심히 살펴보면 대부분의 맥주병이 갈색 또는 녹색이라는 것을 발견할 수 있습니다. '병 색깔이 투명하면 맥주가 무슨 색인지 확인할 수 있어 더 좋지 않아?'라고 생각할 수도 있습니다. 그럼에도 불구하고 대부분의 맥주병이 갈색인 이유는 맥주와 햇빛이 만났을 때, 스컹크의 방귀 같은 고약한 향이 날 수 있기 때문입니다. 이런 향이 나는 원인은 홉이 가진 성분인 이소휴물론^{Isohumulones}이 자외선과 만났을 때 고약한 향을 내뿜는 화학물질을 생성하는 까닭입니다. 사실 모든 유리병이 자외선을 흡수하지만, 갈색병 〉 녹색병 〉 투명병 순으로 자외선 흡수량이 달라져, 대부분의 맥주병은 갈색을 사용합니다.

HITE ZERO
하이트 제로

CLAUSTHALER CLASSIC
클라우스탈러 클래식

SAN MIGUEL NON-ALCOHOLIC
산미구엘 무알콜

BITBURGER DRIVE
비트버거 드라이브

POINT 3. 무알콜 맥주

맥주가 간절히 마시고 싶지만 여러 사정으로 취하면 안 될 때가 왕왕 생기기도 합니다. 그런 상황에 구세주 같은 대안으로 무알콜 맥주가 있습니다.

하이트 제로를 비롯한 국내 맥주 외에도 필리핀의 산미구엘, 독일의 웨팅어, 에딩거 알코올 프라이 등 다양한 무알콜 맥주가 있습니다. 맛이 살짝 아쉽기는 하지만 일반 맥주에 비해 칼로리가 무척 낮으며, 심지어 음료로 구분되어 인터넷에서도 구매가 가능합니다.

유의할 부분이 있다면 국내법상 알코올 1% 미만의 맥주는 술이 아닌 음료로 구분된다는 점입니다. 몇몇 무알콜 맥주는 0.1~0.5%에 달하는 소량의 알코올이 함유되어 있으니 건강상의 문제로 알코올을 피해야 한다면 무알콜 맥주라도 확인해 보는 것이 좋습니다.

POINT 4. **맥주와 유통기한**

맥주의 유통기한은 알코올 도수, 제조법 등이 달라 양조장마다 차이가 있습니다. 국내에 유통되는 맥주의 경우 캔이나 병은 1년, 페트병은 6개월 정도이지만 대부분의 맥주는 제조일과 가까울수록 맛이 좋습니다.

특히 홉이 가진 향은 휘발성이기 때문에 홉이 강조된 맥주(미국식 인디아 페일 에일(IPA), 미국식 페일 에일 등), 향이 강조된 맥주일수록 빨리 마시는 것이 좋습니다. 또한 6% 미만으로 도수가 낮은 맥주 역시 빨리 마시는 것이 좋습니다.

IPA 맥주로 유명한 미국 브루어리 스톤Stone은 라벨에 유통기한을 크게 표기하는 방식의 Enjoy by 시리즈를 출시해 많은 사랑을 받았습니다. Enjoy by 시리즈는 워낙 짧은 유통기한 때문에 만나기가 쉽진 않지만, 종종 보틀샵에서 만날 수 있습니다.

POINT 5. **오래될수록 맛있는 맥주**

대부분의 맥주가 신선할수록 맛있는 것과 반대로, 오히려 시간이 지날수록 맛이 좋아지는 맥주 역시 존재합니다. 7% 이상의 도수가 높은 맥주와 병 속에 효모가 들어 있는 보틀 컨디셔닝 Bottle Conditioning 맥주가 그 주인공입니다. 대부분의 장기 숙성 맥주는 몰트나 이스트 맛이 강조된 것이 특징이며, 시간이 지날수록 도수가 높은 맥주 특유의 알코올 향이 줄어들면서 질감이 부드러워지고, 복합적인 풍미를 갖추게 됩니다. 임페리얼 스타우트, 올드 에일, 배럴 에이징 에일, 스카치 에일, 람빅, 벨지안 에일, 사워 에일 등이 숙성시키기에 좋은 맥주 스타일입니다.

다만 맥주를 숙성시켜 먹으려면 몇 가지의 주의사항을 지켜야 합니다. 우선 온도 변화의 폭이 적은 곳에 보관해 일정한 온도를 유지해 주는 것이 좋습니다. 전문가들은 평균 12도의 온도를 가진 곳에 보관하는 것을 추천합니다. 아무리 장기 숙성 맥주라도 햇볕과 만나면 고약한 맛을 만들어낼 수 있으므로 햇빛은 피하는 것이 좋습니다. 또한 맥주는 와인과 다르기 때문에 효모나 기타 침전물이 바닥에 머물도록 세워 보관하는 것을 권합니다. 기념할 만한 좋은 날, 장기 숙성 맥주를 여러 병 구입해 매년 달라지는 맥주의 맛을 비교해 보는 것은 어떨까요!

맥주를 더 맛있게 먹는 방법

POINT 1. 맥주는 무조건 차가워야 맛있다?

TV 속 맥주 광고를 보면 맥주는 무조건 차가운 온도일 때 맛있을 것처럼 보이지만, 모든 맥주가 차가워야만 맛있는 것은 아닙니다. 스타일마다 맛있는 온도가 다른데, 이는 맥주 향이 휘발성이기에 상온에서 향의 풍부함이 늘어나기 때문입니다.

매번 맥주를 마실 때마다 맥주에 온도계를 꽂을 수 없지만 향이 풍부한 맥주는 상온에서 마실수록 맛있고, 시원한 목 넘김과 탄산이 특징인 맥주는 차가울수록 맛있다는 점만 기억해 둔다면 보다 맛있는 맥주를 마실 수 있습니다.

여기서 또 하나의 팁. 정신 없이 살다 보면 차가운 맥주가 절실하게 필요한 순간 미적지근한 맥주와 마주하기도 합니다. 이때는 맥주에 키친 타월을 감은 후 물을 충분히 적셔 냉동실에 15~20분만 넣어 두면 차갑게 마실 수 있습니다. 키친 타월의 수분이 증발하는 과정에서 맥주의 열을 흡수하는 '기화열'의 원리입니다. 단 도수가 낮은 맥주는 냉동실에 너무 오래 넣어 두면 얼어버릴 수 있으니 주의하세요!

BEER TEMPERATURE

맥주 스타일별 권장 온도

스타우트
브라운 에일
인디아 페일 에일 — 10°C~

트리펠
둥켈바이젠
다크 라거/둥켈 — 7~10°C

바이젠
필스너
윗비어 — 4~7°C

페일 라거
라이트 라거 — 4°C

POINT 2. 어디에 마실까?

맥주를 마실 때 전용 잔을 사용하는 이유는 맥주의 맛, 향, 거품, 온도 등과 잔이 직접적인 연관을 갖고 있기 때문입니다. 그래서 다양한 형태와 크기의 전용 잔을 갖춰 맥주를 즐기면 훨씬 풍부한 맥주 맛을 느낄 수 있습니다.

그러나 현실적으로 모든 맥주 스타일에 맞는 맥주 잔을 갖추기란 쉬운 일이 아닙니다. 꼭 모든 전용잔을 갖추지 않더라도 가장 활용도가 높은 파인트, 실린더, 스니프터, 바이젠 잔 정도를 갖춰 두면 유용하게 사용할 수 있습니다.

파인트 Pint

가장 기본적인 맥주 잔으로, 내구성이 강하고 다양한 스타일에 무난하게 어울리는 잔입니다. 맥주를 마실 때 자연스럽게 코가 잔 안으로 들어가 향을 맡기에 좋습니다.

노닉 파인트 Nonic Pint

가장자리가 튀어나와 있어 그립감이 좋고, 여러 잔 겹쳐 보관하기에도 좋습니다. 영국식 맥주에 잘 어울립니다.

바이젠 Weizen

큰 키와 멋진 곡선을 가진 이 잔은 이름처럼 바이젠 맥주에 적합한 잔입니다. 밀맥주의 풍부한 거품을 담기에 좋으며 넓은 윗부분은 특유의 향을 맡기에 알맞습니다.

고블릿 Goblet

벨기에 맥주를 마실 때 적합한 잔으로 입구가 넓어 복합적인 향을 맡기에 좋습니다. 손으로 넓게 잔을 잡을 수 있어 향을 발산시키기에도 좋습니다.

스니프터 Snifter

향을 모아 줘 맥주의 향을 맡는 데 이상적인 디자인입니다. 몸통 부분이 넓어 거품이 봉긋하게 올라오게 만들어 줍니다. 벨지안 에일, 높은 도수의 맥주에 어울리는 잔입니다.

필스너 Pilsner

이름처럼 필스너 맥주에 어울리는 잔으로, 길고 가는 외관은 거품이 올라가는 것을 바라보기에 좋습니다.

플루트 Flute

좁고 길쭉한 원통 모양의 잔인 플루트는 홉의 향을 모아 주고, 기포가 올라오는 모습을 바라보기에 좋습니다. 라거 맥주를 좋아하는 사람에게 적합한 잔입니다.

머그 Mug

국내에서 가장 쉽게 볼 수 있는 생맥주 잔으로 많은 양을 마시기에 좋고 튼튼해서 건배하기에도 좋습니다. 라거 맥주를 마실 때 많이 사용됩니다.

IPA 글라스 IPA Glass

잔 두께가 무척 얇음에도 맥주의 차가운 온도를 오랫동안 유지시켜 주고, 물결 모양의 손잡이 부분은 맥주를 마신 뒤 내려놓을 때마다 기포를 발생시켜 마지막까지 거품을 유지시켜 줍니다.

POINT 3. 맥주 두 배로 즐기기

흔히 맥주를 오감으로 즐기는 술이라고 말합니다. 캔이나 병째 마셔도 맛있지만 잔에 따르는 것부터 시작해 맛보기까지 각 단계가 주는 즐거움을 하나하나 음미하는 것도 맥주를 즐기는 또 다른 방법 중 하나입니다.

STEP 1. 잔에 따르기
맥주는 잔에 따라 마셨을 때 그 진가가 발휘됩니다. 잔에 따르게 되면 캔이나 병째 마실 때와 다르게 향을 맡기에도 좋고, 맥주를 더욱 맛있게 만들어 주는 거품이 생성됩니다. 또한 다양한 맥주의 색을 감상하는 것 역시 즐거운 일입니다.

STEP 2. 향 즐기기
맥주는 몰트, 홉, 효모, 기타 향신료가 어우러져 복합적인 향을 만들어냅니다. 마시기 전 향을 맡는 것으로 맛을 예측할 수 있고, 맥주에 대한 기대감 역시 커지게 됩니다. 잔을 부드럽게 흔들어 맥주와 공기를 접촉시키면 보다 풍부한 향을 맡을 수 있습니다.

STEP 3. 맛보기
처음 입안에 맥주를 머금었을 때 퍼지는 향부터 입안에서 느껴지는 단맛과 쓴맛, 목을 타고 넘어가는 탄산감과 무게감, 다 마시고 입안에 남는 여운까지 맥주가 선사하는 즐거움은 무척 다양합니다.

POINT 4. 시음 용어

맥주에 대해 평가할 때 사용되는 대표적 용어를 소개합니다.

- 아로마^{Aroma}: 맥주를 열어 잔에 따르기까지 퍼지는 향을 의미합니다.
- 플레이버^{Flavor}: 맥주를 입안에 머금었을 때 느껴지는 향부터 혀와 입 전체로 느껴지는 맛, 코로 빠져나가는 향까지 코와 입을 통해 느껴지는 전체적인 느낌을 의미합니다.
- 바디^{Body}: 입안에 맥주를 머금었을 때 느껴지는 무게감을 의미합니다. 보통 라이트, 미디움, 풀의 3단계로 구분하여 표현합니다.
- 밸런스^{Balance}: 몰트의 단맛, 홉의 쓴맛, 효모의 향긋함까지 맥주를 이루는 주재료가 만들어내는 맛의 균형을 의미합니다.
- 피니시^{Finish}: 맥주를 마시고 입안에 남는 여운을 의미합니다.
- 카보네이션^{Carbonation}: 맥주 안에 녹아 있는 탄산감을 뜻합니다.
- 마우스필^{Mouthfeel}: 바디와 카보네이션을 포함한 느낌으로, 입안에서 느껴지는 감각을 표현할 때 사용합니다.
- 외관^{Appearance}: 맥주의 색부터 거품, 투명도까지 잔에 따랐을 때 나타나는 모습을 표현하는 용어입니다.
- IBU: 맥주의 쓴맛을 나타내는 지표입니다. Inter-national Bitterness Units의 줄임말이며, 숫자가 높아질수록 쓴맛이 강한 맥주입니다.

column 05

맥주와 페어링하기

"어떤 음식이랑 먹어야 맥주가 더 맛있을까?" 라는 질문은 애주가들의 영원한 숙제와도 같습니다. 단맛, 쓴맛, 신맛, 고소한 맛 등 다양한 종류만큼 맛의 스펙트럼이 넓은 맥주이다 보니 더 즐거울 수도 더 어렵게 느껴질 수도 있는 것이 페어링입니다. 사실 모두에게 맞는 정답은 없지만 이 책에서 제안하는 팁을 참고해 도전하다 보면, 치맥을 넘어서는 또 다른 황금 조합을 찾을 수 있을 것입니다.

STEP 1. 강도 맞추기

맥주와 어울릴 만한 음식을 찾기 전 가장 먼저 고려해야 할 점이 바로 강도입니다. 맥주와 음식을 고를 때 한쪽이 일방적으로 강하면 다른 한쪽의 맛을 덮어버리게 됩니다. 진하고 높은 도수의 맥주에는 간이 센 음식을, 섬세한 맥주에는 가벼운 풍미의 음식을 매치했을 때 각자의 맛을 해치지 않고 자연스럽게 어울립니다.

STEP 2. 공통점 찾기

맥주 스타일마다 뚜렷하게 드러나는 맛과 향이 있습니다. 이를테면 고소한 견과류와 빵 맛이 나는 브라운 에일에 견과류가 들어간 호두파이를 곁들이는 등 맥주의 특징에 맞춰 안주를 정하는 것은 쉬우면서도 무척 훌륭한 페어링 방법입니다.

- 오렌지 껍질이 들어가는 윗비어 + 오렌지 드레싱에 버무린 샐러드
- 건과일 맛의 복, 두벨 + 건과일이 들어간 디저트
- 불에 구운 향이 나는 포터, 스타우트 + 숯불에 구운 야끼토리, 구운 고기 요리
- 초콜릿, 커피 향이 나는 스타우트 + 에스프레소에 적신 티라미수, 다크초콜릿, 쿠키 등
- 바나나와 초콜릿 향이 나는 둥켈바이젠 + 바나나를 올린 프렌치 토스트

STEP 3. 지역 맞추기

각국을 대표하는 요리와 그 나라의 맥주를 매치하는 방법은 절대 실패하지 않는 대표적인 페어링 방법 중 하나입니다. 영국의 피쉬 앤 칩스와 영국식 페일 에일, 벨기에식 홍합 요리와 윗비어, 독일식 소시지 요리와 바이젠 등 각국을 대표하는 요리와 맥주의 조합을 찾아보세요.

- 버팔로 윙 + 아메리칸 페일 라거
- 피시 앤 칩스 + 영국식 페일 에일
- 바이스부어스트 + 바이젠
- 벨기에 홍합 요리 + 윗비어
- 치즈 버거 + 아메리칸 IPA

STEP 4. 색 맞추기

달짝지근하면서 짭짤한 갈비찜에 달콤한 갈색빛깔의 두벨을 매치하거나, 갓 튀긴 감자튀김에 황금색 페일 라거를 매치하기 등 맥주와 음식의 색을 맞추는 방법은 웃음이 나올 만큼 단순하지만 의외로 성공 확률이 높은 페어링 방법입니다.

- 감자튀김 + 페일 라거
- 갈비찜 + 두벨
- 스테이크 + 앰버 에일, 브라운 에일
- 티라미수 + 스타우트, 포터
- 체리가 들어간 디저트 + 크릭

STEP 5. 대비시키기

느끼한 치즈 버거에 쌉싸래한 맛의 IPA를 매치해 느끼한 맛 중화하기, 매콤한 요리에 풍부한 탄산을 지닌 헤페바이젠 곁들이기 등 서로 다른 특징을 가진 음식과 맥주를 조합해 과한 부분을 상쇄하고 부족한 부분을 채워 주는 페어링 방법입니다. 어렵게 느껴질 수 있지만 취향에 따라 시도하다 보면 예상외로 재미난 조합을 찾을 수 있습니다.

- 치즈 버거 + 아메리칸 IPA
- 칠리가 들어간 멕시칸 요리 + 헤페바이젠
- 연어 스테이크 + 쾰쉬, 윗비어
- 카망베르 치즈 + 필스너
- 크림 치즈가 올라간 당근 케이크 + 아메리칸 IPA

> **✻ 탐구 플러스**
>
> 잘 어울릴 거라는 예상을 깨고 안 어울리는 조합으로는 페일 라거와 사시미가 있습니다. 이유는 맥주의 DMS 성분이 사시미에 곁들이는 간장과 만나면 비린내가 강해지기 때문입니다.

[참조]

The oxford companion to beer – Garret Oliver – OXFORD
크래프트 비어 월드-마크 드렛지-어젠다
맥주도감-일본맥주저널리스트협회-한스미디어
맥주의 모든 것-조슈아 M. 번스타인-푸른숲
The Beer 맥주 스타일 사전-김만제-영진북스
맥주개론-정철·박천석·여수환·조호철·노봉수-광문각
세계맥주박물관-후지와라 히로유키-CB BRIDGE
BJCP 2008, BJCP 2015
ON BEER AND FOOD – Gestalten
맥주, 문화를 품다-무라카미 미쓰루-RHK
Ratebeer.com
Beeradvocate.com

색인

맥주이름	맥주 스타일
ㄱ	
가펠 쾰쉬	쾰쉬
고든 비어쉬 블론드 복	복
광화문	미국식 앰버/레드 에일
구스 아일랜드 소피	세종
구스 아일랜드 인디아 페일 에일	영국식 인디아 페일 에일
그롤쉬 라거	페일 라거
그린 킹 인디아 페일 에일	영국식 인디아 페일 에일
기네스 드래프트	드라이 스타우트
ㄴ	
노스 코스트 올드 라스푸틴	임페리얼 스타우트
뉴 벨지움 팻 타이어	미국식 앰버/레드 에일
뉴캐슬 브라운 에일	브라운 에일
ㄷ	
더 부스 x 미켈러 대동강 페일 에일	미국식 페일 에일
덕 덕 구스	세션 인디아 페일 에일
듀벨	벨지안 골든 스트롱 에일
듀체스 드 부르고뉴	플랜더스 레드 에일
ㄹ	
라 시렌 꾸베 드 브아	세종
레페 블론드	벨지안 블론드 에일
로그 헤이즐넛 브라운 넥타	브라운 에일
로스트 코스트 다운타운 브라운 에일	브라운 에일
뢰벤브로이 오리지널	헬/헬레스
ㅁ	
마이셀 바이스 둥켈	둥켈바이젠

맥주이름	맥주 스타일

ㅂ

맥주이름	맥주 스타일
바이엔슈테판 코르비니안	복
바이엔슈테판 헤페바이스비어 둥켈	둥켈바이젠
바이엔슈테판 헤페바이스비어	헤페바이젠
밸러스트 포인트 스컬핀	미국식 인디아 페일 에일
베스트말레 두벨	두벨
베스트말레 트리펠	트리펠
벨칭비버 팬텀 브라이드	미국식 인디아 페일 에일
부데요비츠키 부드바	필스너
브루독 펑크 인디아 페일 에일	미국식 인디아 페일 에일
브루클린 브라운 에일	브라운 에일
브루클린 소라치 에이스	세종
브루클린 이스트 인디아 페일 에일	영국식 인디아 페일 에일
브뤼흐스 조트 두벨	두벨
뽀할라 오렌지 고제	고제

ㅅ

맥주이름	맥주 스타일
사무엘 스미스 오트밀 스타우트	오트밀 스타우트
사무엘 스미스 임페리얼 스타우트	임페리얼 스타우트
산토리 프리미엄 몰츠	필스너
설레임	사워/와일드 에일
세븐브로이 맥아, 더	미국식 앰버/레드 에일
세인트 버나두스 앱트 12	벨지안 다크 스트롱 에일
세인트 버나두스 프리오르 8	두벨
세인트 오스텔 트리뷰트	영국식 페일 에일
세종 듀퐁	세종
셀리스 화이트	윗비어
슈나이더 바이세 크리스탈	크리스탈바이젠
슈나이더 바이스 탭6 운저 아벤티누스	바이젠복
슈나이더 바이젠 아이스복	아이스복
스텔라 아르투아	페일 라거
스톤 인디아 페일 에일	미국식 인디아 페일 에일
스톤 루이네이션 더블 IPA	더블 인디아 페일 에일

맥주이름	맥주 스타일
시메이 레드	두벨
시에라 네바다 페일 에일	미국식 페일 에일

ㅇ

아발론 플럼 와일드 에일	사워/와일드 에일
아잉거 브로바이스	헤페바이젠
아잉거 셀레브레이터 도펠복	복
아잉거 우르바이스	둥켈바이젠
앤더슨 밸리 분트 앰버 에일	미국식 앰버/레드 에일
앤드 유니온 선데이 페일 에일	미국식 페일 에일
에딩거 바이스비어	헤페바이젠
에일 스미스 스피드 웨이 스타우트	임페리얼 스타우트
오드 비어셀 오드 크릭	람빅-크릭
옴니폴로 노아 피칸 머드 케이크	임페리얼 스타우트

ㅈ

제네시 크림 에일	크림 에일
제주 위트 에일	윗비어
제주 펠롱 에일	미국식 페일 에일

ㅊ

첫사랑	뉴 잉글랜드/헤이지 IPA

ㅋ

카스 라이트	라이트 라거
칸티용 괴즈	람빅-괴즈
KBS	배럴 에이지드 스타우트
코나 빅 웨이브	골든/블론드 에일
코젤 다크	둥켈

맥주이름	맥주 스타일

쾨스트리쳐 슈바르츠비어 슈바르츠비어
크로넨버그 1664 블랑 윗비어
크롬바커 필스 필스너

ㅌ

테넌츠 스카치 에일 스코티시/스카치 에일
테라 페일 라거
투올 서 소라치 에이스 사워 브렛 IPA 사워/와일드 에일
팀머만스 람비쿠스 블랑셰 윗비어
팀머만스 피치 람빅 스위트/프루츠 람빅

ㅍ

파울라너 살바토르 복
파울라너 옥토버페스트비어 메르첸/옥토버페스트비어
파울라너 헤페바이스비어 헤페바이젠
파이어스톤 워커 더블 배럴 에일 영국식 페일 에일
파이어스톤 워커 페랄 비니페라 사워/와일드 에일
풀러스 ESB 영국식 페일 에일
풀러스 런던 포터 포터
풀러스 런던 프라이드 영국식 페일 에일
풀러스 인디아 페일 에일 영국식 인디아 페일 에일
피넛 버터 밀크 스타우트 밀크/스위트 스타우트
필스너 우르켈 필스너

ㅎ

하이네켄 프리미엄 라거 페일 라거

KI신서 9424
맥주탐구생활

1판 1쇄 발행 2017년 8월 7일
2판 1쇄 발행 2020년 12월 14일

지은이 김호
펴낸이 김영곤
펴낸곳 (주)북이십일 21세기북스

출판사업본부장 정지은
뉴미디어사업팀장 조유진 **뉴미디어사업팀** 이지연 나다영
감수 최훈진 **본문디자인** 박선향
출판사업본부 영업팀 김수현 최명열
영업본부장 한충희 **영업팀** 김한성 오서영
마케팅팀 배상현 김윤희 이현진 김신우
제작팀 이영민 권경민

출판등록 2000년 5월 6일 제406-2003-061호
주소 (10881) 경기도 파주시 회동길 201(문발동)
대표전화 031-955-2100 **팩스** 031-955-2151 **이메일** book21@book21.co.kr

ⓒ 김호, 2020

(주)북이십일 경계를 허무는 콘텐츠 리더

21세기북스 채널에서 도서 정보와 다양한 영상자료, 이벤트를 만나세요!
페이스북 facebook.com/jiinpill21 포스트 post.naver.com/21c_editors
인스타그램 instagram.com/jiinpill21 홈페이지 www.book21.com
유튜브 youtube.com/book21pub

서울대 가지 않아도 들을 수 있는 명강의! 〈서가명강〉
유튜브, 네이버, 팟빵, 팟캐스트에서 '서가명강'을 검색해보세요!

ISBN 978-89-509-9266-8 14590
ISBN 978-89-509-9267-5 (세트)

- 책값은 뒤표지에 있습니다.
- 이 책 내용의 일부 또는 전부를 재사용하려면 반드시 (주)북이십일의 동의를 얻어야 합니다.
- 잘못 만들어진 책은 구입하신 서점에서 교환해 드립니다.